為你讀書

江曉原 著

图书在版编目(CIP)数据

为你读书/江晓原著.—北京:商务印书馆,2022
(名家读书)
ISBN 978-7-100-21484-1

Ⅰ.①为… Ⅱ.①江… Ⅲ.①读书笔记—中国—现代 Ⅳ.①G792

中国版本图书馆 CIP 数据核字(2022)第 133363 号

权利保留,侵权必究。

名家读书
为你读书
江晓原 著

商 务 印 书 馆 出 版
(北京王府井大街 36 号 邮政编码 100710)
商 务 印 书 馆 发 行
北 京 通 州 皇 家 印 刷 厂 印 刷
ISBN 978-7-100-21484-1

2022 年 10 月第 1 版　　开本 880×1230　1/32
2022 年 10 月北京第 1 次印刷　印张 10 3/8　插页 2
定价:69.00 元

江晓原在《南方周末》年会上畅谈科学文化

目　录

自序 ································· 1

辑一　读书的故事与体会

特殊时代的少年读书生活 ······················ 3
大学和研究生时代的读书趣事 ··················· 15
我的书房故事 ····························· 26
少年惊艳《梅花谱》 ························· 35
读史者当有其图：《泰晤士世界历史地图集》··········· 40
当了巴比伦王室的见习巫觋
　　——《巴比伦泥版楔形文书天文表》············ 45
寻找合适自己的读书方法 ······················ 50

辑二　读书时的思考与疑问

星际航行：一堂令人沮丧的算术课 ················ 59

地球 2.0？又一堂令人沮丧的算术课 …………………… 65

地球流浪之后：第三堂令人沮丧的算术课 ……………… 71

里夫金的新世界观解决不了老问题 ……………………… 77

以世界公民的眼光看未来

　　——读《未来：改变全球的六大驱动力》……………… 85

谁能只手评优劣，李杜曾经不入流

　　——《唐人选唐诗十种》之业余统计学 ……………… 98

怎样论证"孤篇岂能压全唐"？………………………… 105

辑三　学术性质的书评和影评

《中国历史研究手册》审查报告 ………………………… 115

"哈罗德·布鲁姆文学批评集"审读报告 ……………… 125

《黄面志》中国影印版序 ………………………………… 152

理查·伯顿译注《一千零一夜》中国影印版序 ………… 176

萨顿《科学史导论》中国影印版序 ……………………… 189

《知识大融通》：英勇游击队能不能征服世界？ ………… 199

从《雪国列车》看科幻中的反乌托邦传统 ……………… 207

《银翼杀手2049》六大谜题：电影文本的

　　复杂性和不确定性 …………………………………… 225

霍金的意义：上帝、外星人和世界的真实性 …………… 244

辑四 鉴赏性质的评论

阿西莫夫：科幻、科普、神秘主义？ ······ 263

从《无限的清单》到《清明上河图》 ······ 269

里芬斯塔尔：影史奇人或纳粹余孽
    ——《里芬斯塔尔回忆录》 ······ 274

灵魂伴侣对话：拷问还是双簧？ ······ 278

那部传说中的千年秘籍《医心方》 ······ 282

沉溺在白日梦中的小文人
    ——《读书堂西征随笔》 ······ 288

一部奇书和一场虚惊
    ——《曹雪芹扎燕风筝图谱考工志》 ······ 295

多情才子竟西行：戈革其人其书 ······ 300

"金学名票"之《挑灯看剑话金庸》 ······ 308

《失控玩家》和"元宇宙"商业炒作的隐秘关系 ······ 313

宇宙学是一门科学
    ——《宇宙小史》中译本序 ······ 319

自　序

这个奇怪的书名，其实是语义双关的：

"为你读书"的第一重意义是祈使、劝诱，劝诱（本书）读者，应该为自己读书。

这个祈使当然是有意义的，因为有很多人，在很多时候，读书并不是为自己的。很多书不是你自己想要读的，而是迫于父母、老师、上司等人物的压力，不得不读的。这种被迫读书，未必没有好的作用和结果，比如它能让你完成学业、完成任务。但是因为这些书不是你自己想要读的，所以你感觉你是在为别人读书。

这种不情不愿的"为别人读书"的感觉，其实有着非常负面的作用，它会让你产生和某些学生的厌学心理类似的"厌读"心理，其结果往往是，当你不再有读书的压力时，比如学业完成、任务完成之后，你就不再读书了。看看你周围吧，有多少人走出校门之后，就借口工作忙、生活累而不读书了？

而为自己读书，读自己想要读的书，那就完全不同了，非但不会产生"厌读"心理，还会让你想读更多的书。

"为你读书"的第二重意义是（以本书作者为主体的）陈述——我是在为你（我的读者）读书。

此话怎讲？我知道很多人工作忙、生活累，很多时候确有挤不出时间读书的苦衷。但我却比较幸运，表面上看起来工作不那么忙、生活不那么累，所以多年以来一直有比较充裕的时间读书。这只是因为我选择了一种可以和读书结合在一起的谋生职业——起先在中国科学院当研究人员，后来到上海交通大学当教授。

既然如此，我就可以在工作时间读书，甚至将读书变成工作。

一个大学老师在工作时间读书，当然毫无问题，其实可以在工作时间读书的职业还有不少，比如科研院所的研究人员、出版社的编辑、报刊媒体的记者……

至于将读书变成工作，其实路径也很简单，就是让读书的成果成为学术界认可的学术成果。考虑到阅读快感，我在本书中仅编入了三篇发表在CSSCI刊物上的文章，这是"将读书变成工作"的例证，因为这些文章会被学校管理部门认定为"学术成果"，而产生"学术成果"的过程当然属于工作性质。

那么，为什么我是在"为你读书"呢？因为我写的不少书评都带有"让读者不必阅读原书也能有收获"的追求。有朋友曾开玩笑对我说，你这种书评，出版社可不喜欢，因为读者读了你的书评，反而不去买书啦。当然这是玩笑，事实上读者还是会去买书的（只是可能不马上去读了）。本书编入了若干篇对大部头书的书评，比如对《未来》《中国历史研究手册》"哈罗德·布鲁姆文学批评集"等的长篇评论或审读报告。

如果说这种情况下的"为你读书"也是一种"为别人读书"的话，那和我上面说的那种不情不愿的读书完全不一样，因为这些书也是我自己愿意读的——否则我就不会接受书评的邀约。所以我在"为你读书"的同时，仍是在为自己读书。

对于第二个意义上的"为你读书"，还有一层可以说一说。

多年以来，对哪些书发表评论，始终出自我本人的独立判断。我应报纸特约主持"科学文化"版面（起初在《文汇读书周报》，现在在《中华读书报》）已经持续19年了，这个版面上有我和清华大学刘兵教授的对谈"南腔北调"，每次谈的书都是我们商定的，不受出版社的任何影响。版面上的书评文章，也是我选定了书之后约人撰写。我还每次在版面上推荐三本新书，也是我亲自寓目，独立选择，自撰评语。

虽然通常书评都是"隐恶扬善"避免批评和负面评价的，但我始终秉持"独立判断、学术研讨"的宗旨，该赞美就赞美，该批评就批评。不过，我评论图书主要不是为了评价被我评论的书——我并无这样的义务。我之所以对某些书发表评价，只是因为我读过之后，感觉此书本身有价值，或此书能够引发有价值的思考或讨论，而我愿意将我的有关思考发表出来与读者共享，媒体也认为这些思考值得发表出来。

顺便说一下，如今观影已成为许多学人的另一种阅读形式，我这样"阅读"也已经将近 20 年了。事实上，我已经将观影和读书视为同一种活动，所以我对影视作品的评论，也秉持与图书评论同样的原则，是完全独立的。本书收入了两篇带有学术性质的电影评论。这些年来，书评和影评共同成为我文化评论的组成部分。

我的"为你读书"虽然同时也是我自己想要读的，但毕竟有不少情况是出于媒体或出版社的邀约（比如为一些书写序），而我还有自己单位里的本职工作，这就使得许多邀约无法"立等可取"。大部头的书，阅读需要时间，写评论也需要时间，但只要媒体或出版社愿意等，我最终会写出来。有些长篇的评论竟等了一两年之久，也真可以当成相互信任和期许的美谈了。

现在，就让我开始"为你读书"吧。

2021 年 9 月 23 日
于上海交通大学科学史与科学文化研究院

辑一 读书的故事与体会

特殊时代的少年读书生活

有一次媒体采访，问我少年时的理想是什么。我一时不知如何回答是好。我少年时浑浑噩噩，虽然比较早地喜欢上了读书，但是好像没有什么理想和抱负。后来努力回忆，想起我曾经有过一个"理想"，那就是希望自己能够经常读书，并且发表对所读之书的看法。那时我并不知道有"书评"此物，那时也没有"书评人"这样的角色。谁想到几十年后，这个算不上"理想"的"理想"，居然不知不觉在我身上实现了。

从繁体竖排版《西游记》开始

"文革"开始，文化惨遭浩劫，"封资修"（谓封建主义、资本主义、修正主义也，此语现在中年以上之人皆耳熟能详，年轻人则或许要查字典矣）涵盖了中国传统文化、西方文化和苏联东欧的社会主义文化，几乎所有的书籍都成了"毒草"，皆在禁止阅读之列。求知欲旺盛的年轻人若要读书，只剩下小红书和鲁迅的书可读。许多人都谈过那时无书可读之苦。然而，那个时代还有另一番景象。

小时候我不是一个好学生，这是让我父亲最恼火的事情。那时候，我和绝大多数男孩一样对阅读并无爱好，我热衷的活动和其他小男孩并无不同——打架、爬墙、逃课。有一次我们爬进了一个解放军的驻地，结果被发现遭到呵斥，不过这件事本身让我们几个小男孩都很有成就感，并因此消弭了遭到呵斥可能带来的沮丧。那时我因为课堂纪律不好，一周六天课，几乎总有四天会被老师关着，放学不让回家。我父亲那时是一位小学教师，虽然他工作的学校并不是我所上的那所小学，但两所学校相去不远——同一条马路上的第一小学和第二小学。两所学校的教师经常在一起学习，所以班主任总有机会告我的状，这曾让我父亲恼火不已。

不过，让我那时的老师大伤脑筋的是，我的作业做得很好，考试成绩也一直名列前茅。后来我想，如果当时我学习差一点，老师应该不会那么恨我——纪律不好学习也不好，可以当反面教材；纪律不好学习却好，更让老师生气。

"文革"时我去了北京，当时十三四岁。那时候我姑母家大人都不在，就剩下比我小两岁的表弟——他后来成了复旦大学的教授，那时还只是十一二岁光景。后来，我们在重庆的姑母的孩子也来到北京。有一段时间，就是我们三个男孩一起过。

那种生活有点像《阳光灿烂的日子》中的情形。

一个偶然的机缘，我在北京的姑母家见到了"扫四旧"劫余的《西游记》和《三国演义》。虽然竖排繁体字我以前从未见过，但《西游记》的故事情节将我紧紧吸引住，我连猜带蒙，看完上册时，已经自动认识了大部分繁体字（主要根据它们反复出现在不同的上下文位置），也习惯了竖排。看完《西游记》，再看《三国演义》。正是这两部古典小说为我打开了最初的眼界，让我知道还有文学、历史的广阔天地。

几个月后，当我再回到上海时，我变得喜欢看书了。幸运的是，我在离开北京时从姑母家带回了《水浒》。除此之外，我开始在家里疯狂地找书来看。"文革"一开始，父亲所在小学的图书室就被封闭了，但父亲可以从保管图书的老师那里为我弄书。他弄来的多数是西方文学名著。我每看完一本，就赶紧再去换。我母亲是机关干部，"文革"前她负责机关图书室的购书工作，"文革"既起，图书室也被封闭，书就交她看管，于是她经常"监守自盗"，悄悄拿几本书回来给我看，看完后再去换。许多古典文学的入门书，如《中国历代文学作品选》《先秦文学史参考资料》《两汉文学史参考资料》《汉魏六朝赋选》之类，我就是这样读到的。更令人惊奇的是，在那个时代她竟能辗转托人从越南买回人民文学出版社出版的《三国演义》《水浒》《红楼梦》——当时她负责单位培训越南实习生的工作，由于许多越南人都能读中文，而且很喜欢中国的古典文学作品，所以中国会向越南出口这些书籍。

那段日子经常是这样过的：我父母白天上班，我外婆在家，学校停课，我在家里翻箱倒柜到处找书。我甚至找到了表姐"文革"前用过的语文课本，她的高中语文课本里有《打渔杀家》《罗密欧与朱丽叶》等戏剧的选场，有《灌园叟晚逢仙女》这样的旧小说。对于那时的我来说，这样的书已经很好看了。

我的"买空卖空"

家里的书很快就不能满足我的欲求了。那个时候，谁有书就可以跟人交换。由于父母的原因，不久我就在我的小朋友中间有了一点名气，成为一个"能弄到书的人"。"能弄到书"在当时是一种珍贵的资源，拥有这种资源，就可以与人进行交换。小朋友们将他们弄到的书借给我看，我将我弄到的借给他们。渐渐地，我成了一个小小的中心，我和好几条渠道保持着"单线联系"，不同渠道的书通过我完成交换。这样进行了一段时间后，我突然发现自己不用再去搞新的书了，因为那些书都要经过我的手，比如说我可以与甲、乙分别联系，在把甲的书借给乙的间隙读完，又把乙的书借给甲，再利用间隙看完，很多书就这样读到了。回头来看，当时自己可以自由读书很幸福，唯一的缺憾就是没有系统性和针对性，有什么就看什么。但这也不算是缺点，对于一个少年来说，有这么多书可以读本身就是一件很好的事情了。

这种地下的借书交易，周转时间通常都极短，一本书在手里一般是三天左右，短的只有一天，甚至只有几小时。然而人人都极讲诚信，几乎没有失约的，更未遇到过拖欠书不还之事。为了进行有效的管理，我专门建立了流水账，上面一笔一笔记录着谁借走了什么书，哪天还，向谁借了什么书，哪天还（这些表格让我母亲一度十分担心，因为她据此猜测我参与了某些小集团）。再看看今天，朋友之间借书不还已成家常便饭，有人还翻出古人"借书一痴，还书一痴"的话头来做谈助，回想当年小伙伴之间的诚信，能无愧乎！

记得当时欧阳山歌颂革命的小说也被列入禁书，母亲不准许我看，说里面有"黄色内容"。但她这么一说，我偏就要找来看，并且很快通过和小伙伴换书找到了。过了一些日子，我忍不住向她显摆，告诉她其实《一代风流》系列里的《三家巷》和《苦斗》我都看过了。她听后非常生气，说你尽看这些"毒草"，将来怎么办啊？

"雪夜关门读禁书"一直是中国文人喜爱的境界。在群书被禁的年头，能弄来种种"封资修"的"毒草"，关门而读之，是何等刺激的事！这也正是我们那时能够极快地读完每一本书的原因。我曾经用一天读完《复活》，用半天读完《当代英雄》，而为了一本《安吉堡的磨工》，我和同学们创造了24小时之内5个人读完的纪录——轮班接续着读，记得排给我的时间是午夜0点至次日凌晨4点。

对于我母亲弄来的那些古典文学书籍，因为停留在手里的时间可以稍长，我就抄录。我不仅抄录了几千首唐诗宋词，还抄录文章，甚至像潘岳《西征赋》、庾信《哀江南赋》这样的长篇作品，也全文抄录不误——而且还是用毛笔！那时我们都不敢想象这些书将来还有再次印刷出版的一天，而实际上几年之后，这一天就到来了。不过，当年那一厚摞手抄本，我至今还保留着。

如今读书已经不是那么有诱惑力、那么使人痴迷的一件事了。书太多，得来太容易，读书的劲头却远不及当年。回想当年偷读禁书，并无功利目的，所读之书，却深入脑海，沁入心田，此又非昔日始料所及也。

为外婆讲《聊斋志异》，给自己搞诗词格律

在那个阶段还有一件事比较重要，现在想来应该是对我日后的写作有些帮助：有一次我从北京姑母家搞来铁城广百宋斋图咏本《聊斋志异》，线装的，记得有16册。我当时看得兴味盎然，偶尔还会讲一讲其中的故事给外婆听，她很喜欢，于是后来就变成每天留出一个固定时间给她讲《聊斋志异》中的故事。为了让外婆听得愉快，我要选择一些有足够情节的故事来讲。最初我只是把故事翻成白话讲给外婆听，后来发现效果

不好——把文言的书面故事用口语来讲效果不一定好。我外婆是旧式的家庭妇女，文盲，因此并不适合某些叙事方式，于是我就对故事做了一些改编。起先讲故事的时候我还需要拿着书，过不多久，我就不再需要看着书讲了。我给外婆讲故事得到的奖励，是可以吃一两块饼干。我讲故事有功，老太太就奖励我吃饼干，这本身也是一个很古朴的场景。

事后回想当年的情景，我发现在这个过程中，我在两个方面都受到了锻炼：首先是叙事能力，我要把一个事情尽量讲得让老太太明白；另外一个则是在繁简之间的合适的度，哪些内容要讲得细致，哪些内容可以一笔带过，这种内容上的繁简增删也会影响讲故事的效果。

在那个阶段我还做了一件事，掌握了古典诗词的格律。当时我想知道旧体诗词的格律，于是有一天就去问语文老师，结果遭到申斥，说这种东西是"封建糟粕"，你去学它干什么？而在当时，王力的《诗词格律》之类的书又搞不到。但我最终用了一个笨办法把最常用的格律都掌握了。我找来几十首律诗，将每个字的平仄声列出，从中寻找规律。当时我母亲见我的字纸篓中出现大量56格的表，里面填着圆圈和黑点，感到非常奇怪，不知道我又在搞什么名堂。"文革"结束后，我买到了王力的《诗词格律》，对照了一下，发现我用自己的笨办法竟然已将旧诗格律完全弄懂，甚至还发现了常用的拗格。

1972年我初中毕业，进工厂成为一名电工。电工通常是倒三班，到中班和夜班的时候没什么事，就可以看书。我从小动手能力强，进厂半年就独立当班了。我的技术提高非常快，而电工的工作特点就是技术越高，工作时间越短。我很快就带了徒弟，有问题就徒弟去，徒弟搞不定的时候打电话回来问，还搞不定我才出手。这样一来，我看书的时间就更多了。我的徒弟不久也加入进来，经常是当班的时候我们俩都在看书。

这时候已经进入"文革"后期，很多东西以内部出版物的方式印行，其中包括苏联小说和重要人物回忆录。《你到底要什么？》和《核潜艇闻警出动》是我印象很深的两部作品。"你到底要什么？"这个问题，在那个岁数其实也是我们经常要自己问自己的，因此这个小说的标题非常打动我。尽管随着时间的流逝，人们在一些细节上已然说法不一，但无可否认的是，当年"你到底要什么？"的困惑以及由这本书带来的"难以描述的阅读快感"已成为一代人的集体记忆。

"文革"快结束的时候，"四人帮"在北京倒台了，他们在上海的余孽竟计划在上海搞"巴黎公社"，要求所有基干民兵加入。我们厂当时1000多人，有一个基干民兵排，我也是其中的一员，有一支冲锋枪。当时基干民兵接到通知，有可能要按照搞"上海公社"的方案拉到前线去。那时候，我已经读了一些历史书，知道这件事是对抗中央，结果肯定是给坏人当炮灰；而且基干民兵怎么可能跟解放军对垒呢，除了装备和训练天差地别之外，从道理上说也是叛逆。但在当时，基干民兵是不能违抗命令的，如果抗拒，就会受到惩罚。

要说怕死，我倒不怕，那时候我刚刚20岁。正好在此时，我读到了阿·托尔斯泰《苦难的历程》三部曲，讲的是旧俄知识分子在十月革命后的命运。小说中的两姐妹各自有了爱人，一个是红军，一个是白军，这两个爱人当然处于一种敌对的状态中。最后的结果，是那个白军爱人投向了红军。

这个小说给了我一个灵感——我当时要解决的一个问题是，如果拉上前线，我要做什么，怎么办。后来我想好了，如果被拉上前线，我就找机会带上我的枪向解放军投诚。在我想好了以后，有几天我很安静，但我没将此事告诉父母，甚至我的困境也没对父母说起过，因为可能会引起他们的惊恐。没过多久，中央制伏了"四人帮"在上海的余孽，命令解除，我们用不着上前线了。

虽然这个事情没有真的发生，但小说给我的印象非常深刻。"文革"结束后此书重印，我立刻就买了一套，但那只是出于一种怀念，那三本书自从买来之后我一直没有再读过。但读书可以帮助解决人生问题，这真是一个奇特的例证。

我的忘年交张庆第先生

也是在这个阶段，我遇到了一位老先生，他后来成为我的第一个忘年交。那是在"文革"后期，当时他周围的人对他仍是躲得远远的，因为他身上"牛鬼蛇神"的印记还远未洗干净。我那时只是觉得他学问好，愿意和他交往，遂成忘年之交。

张庆第先生祖父一辈曾是清朝的大官，家中又广有资财，所以年轻时过着裘马轻肥的公子生活，虽称不上旧王孙，至少也是旧家子弟。他先在北京读书，后来到上海进大学念国际关系专业。据他自述，那时青年学生以思想"左"倾为时髦，所以他白天参加学生运动上街游行甚至拿瓶子砸警察，晚上却照样进舞厅跳舞鬼混。学校的学生剧团排演曹禺的《雷雨》——据说这是该剧的首次演出，他扮演的角色竟是鲁大海，也真可以算是讽刺了。

因为他有表演才能，后来抗日军兴，他成了四支抗日演剧队其中一支的副队长，军衔是中校。这番"国民党反动军官"的经历（尽管那支演剧队的上校队长是共产党员），后来成了他在"文革"中被整的重要原因之一。抗战后他在当时的政府机关里做事，1949年他成为相当高级的"留用人员"。但像他这种出身不好，有"国民党反动军官"经历，又有复杂海外关系的人，不久就被发付到上海一个二三流的高校，投闲置散，教教英语和中文。

他是我在进大学之前接触的唯一一个文化人，对我当时的阅读起了某种引导作用。认识他的时候，我正疯狂地阅读中国古典文学作品，同时还猛读来自苏联的"内部读物"，如《你到底要什么？》《朱可夫回忆录》《赫鲁晓夫回忆录》之类。有一天，他忽然对我说：小江啊，人家讲"封资修"，我看你"封"和"修"的毒已经中得不少了，幸好"资"的毒中得尚不深。我初听这话有些莫名其妙，回味了几遍后突然省悟——他这是在开导我，让我注意读西方的东西啊。于是我又开始猛读西方文学名著，《约翰·克利斯朵夫》《白痴》《当代英雄》《唐璜》《艾凡赫》《巴马修道院》……读得昏天黑地。

在考大学报专业的问题上，他给了我最珍贵的建议。

那时我周围的人都认为我是天生的"文科坯子"，自然应该考文科。我自己则因理科的东西自学起来比较困难，反而想报理科——我想，有老师教着学，会比自学容易。家父母则基本上由着我自己选择。我就去问计于他。他对我说，你学文科理科都能行——我算是做过他几个月的学生，他知道我的底细。但是，他加重语气说道："我告诉你，学了理再去搞文，完全可以；而学了文再去搞理的，我从未见过。"就是这句话，使我立刻下了报考理科的决心。多年后回首往事，他那句话的反例我确实一个也未见到过。而我此后一直在文理交界处行走，并能以此谋生，在很大程度上是拜他那句话之赐。

我从上大学开始，直到去北京念研究生，前后十年，每次放假回上海都要去看他，和他聊上几个钟头。和他聊天是一种类似"精神迷幻"的过程——他总是将你带到昔日的世界中去。他随意回忆、评点过去那些包括他自己在内的人和事，议论滔滔，神游万里。从民国政要到地下党，从前辈文人到上海滩大流氓（他还曾写过一个关于黄金荣的剧本）……他还有中国文人"秀才论兵"的传统嗜好，可以详细介绍"二战"时美国太平洋舰队的兵力配置，司令是谁，旗舰是哪艘，舰载飞机多少架、型号是什么……眉飞色舞，如数家珍。受他的影响，我后来也开始收集、阅读一些战争史方面的书——这也是与我的科学史本行有关系的。

他自称平生"五毒俱全"——其中包括烟、酒、茶。他抽很凶的烟，有时还要用烟斗抽烟丝；中、晚两餐必喝酒；茶必是极浓的苦茶，我每次去，他亦必以苦茶待我，我初嫌其苦，后来渐渐习惯，竟喜欢起来。可是这烟和酒终究害了他——晚年他得了喉癌，手术之后，声带几乎不能发声。这时我去看他，他就只能用写字板和我交流了。这对于一个一辈子谈锋健利的人来说，是多么别扭的一件事。但是他身体依然强健，八十开外的人，照样可以骑着自行车上街转悠。

在我搬家到武定西路那年，我想起已经有半年没去看他，如今新居离他家很近，正好可以多走动，就打电话给他。电话是他老爱人接的，她声调悲戚，第一句话就是：张老师走了！电话差一点从我手中掉落……

大学和研究生时代的读书趣事

我的高考1977

1978年初,我的阅读生涯的第一个阶段结束了。

事后再来回顾的话,在我的阅读生涯中,这是最重要的阶段。没有它,我就考不上大学。因为正是在这个阶段,我一直保持着某种读书的状态,所以1977年高考到来的时候,我能够抓住机会。

1976年最后一届推荐工农兵学员,当时我所在的那家纺织厂有一个名额,我已经获得了这个名额,但我们电工组的一位王师傅私下向我提出,能不能将这个名额让给他,他说他已经35岁了,明年就没有机会了,而我还年轻,以后有的是机会。按理说,他这个要求,在那个时代无异于与虎谋皮,但我竟同意了。我这样做的原因,说出来恐怕很少有人能够相信:我那几天正在看《赫鲁晓夫回忆录》,这本书当时也在禁书之列,里面说到赫鲁晓夫35岁那年才进工学院，因为上大学的年龄限制是35岁。我和这位师傅平时关系又挺好，一时感动，就"崇高"了一回，第二天去找党委，明确表示愿意将名额让给这位王师傅，于是他就去上了大学。

1977年，"文革"结束后的第一次高考举行。当我知道要高考的时候，只剩下三个月时间了。我通过各种关系找来几种高中课本，在正常上班的情况下，努力将它们读了一遍，居然就去考试了。

结果是语文94分，政治90多分，数学60多分，化学不及格，但物理满分——这个满分应该是做电工的经历给我带来的另一个收获了。当时还是先填志愿后考试，我填报志愿的时候完全是随机的：拿一张登载着上海地区1977年招生院校及专业名单的《解放日报》，看哪个专业顺眼就填哪个。记得当时填的三个志愿依次是南京大学天体物理、华东师范大学电工物理、青岛海洋学院（今中国海洋大学）海洋物理。填过志愿考过试之后，我才知道原来南大天文系是中国最好的天文系，"文革"前每年在上海只录取一到两名学生。我想完了，要再考一次了。正当我沮丧地重新复习时，居然被告知考上了。我是那年南大天文系在上海录取的两名学生之一。

大学生活和考研

有一个署名"笑书生"的人,在报纸上写谈论我的文章《东日西雨,亦科亦文》,其中有一段说:

> 江晓原同志……大学读的是天体物理,与物理学有密切的血缘关系,研究生也是科学史,且是中国自己培养的第一个天文学史博士。按照我那反动的出身论,该同志不该有如此士大夫行状。一看江同志的自述,方知究竟。原来该同志上大学的时候,每天左手推天文公式,右手临孙过庭之《书谱》,口里却在吟诵《左传》《国语》,这就使该同志的母乳中混入了奇妙的组分,无论发生多么怪异的化学反应,喂出多大的"妖蛾子"(妖与蛾子之混血——书生注),都不让我奇怪了。

我上大学的时候正是思想解放的年代,所以在大学的那几年,我也读了很多专业之外的书。我大学时的专业是天体物理学,课业很重,上学第一年尤其辛苦。那时,我是天文系77级19个同学里唯一一个没念过高中的学生,所以要借了高中课本来补课。到第一个学期结束时,我的高数考了65分。回家的时候,母亲看我瘦得厉害,很担心我能不能坚持下来。但我自己信心十足,我能用三个月学完别人要学三年的高中课程,进大学后这点差距应该可以赶上。

从第二年起,我就完全跟上了。此后我的成绩一直维持在全年级第九、第十名的位置上,当时和我一样维持在第九、第十名的是同寝室的严俊,他后来成为国家天文台台长。

在经过第一年的苦读之后,后来几年学业渐入佳境,这让我有时间做一些专业之外的事,诸如下棋(我大学四年都是校学生象棋队的成员)、练字、读古典文学的闲书。

有一段时间,我被《西厢记》迷得神魂颠倒。从"王西厢"到"董西厢",从《会真诗》三十韵到赵德麟《商调蝶恋花》,我尽力收集一切与《西厢记》有关的材料,甚至对元稹的艳诗也情有独钟起来——因为其中有"闲读道书慵未起,水晶帘下看梳头""忆得双文衫子薄,钿头云映褪红酥"之类被认为与《西厢记》的故事蓝本《莺莺传》有关的篇章,而《莺莺传》又被认为是元稹的某种自传。

虽然我读的是天体物理专业,但是我一贯有不务正业的毛病,又很早就喜欢香艳诗词,而且对这一点不自讳言,所以当我遇到王实甫的《西厢记》时,自然一口气就读完了第一遍。当时我就能将其中许多段落背诵下来,竟不用看第二遍——可惜的是,我似乎只是对香艳的作品才有这样好的记忆力。而当我吟诵着"怎当他临去秋波那一转!……春光在眼前,争奈玉人不见,将一座梵王宫疑是武陵源"这样旖旎的词句时,那些枯燥的天体物理学公式早就被忘到脑后去了!

后来我发现，其实《西厢记》不仅仅是一部元杂剧，它还可以作为中国古典文学非常独特的切入点——从这里进去，唐传奇、唐诗、宋词、元杂剧，一气贯穿。元杂剧中取材于唐传奇的当然还有，但是崔莺莺的故事太迷人了，从这个故事中获取资源的创作活动持续了好几百年。更何况《西厢记》文辞之高华优美，几乎登峰造极，而与它有关的材料，也无不香艳旖旎之至。

正是在南大读书的时候，我开始有了藏书意识。那时"文革"已经结束，很多书恢复出版了。当时，我是天文系最有钱的学生，因为我的工龄超过五年，所以我是带薪上大学的，我每个月的工资比系里一些中青年教师的工资还要高。那时我经常做的"豪奢"之举，就是买书。南大校门口有一家书店——南京山西路新华书店在此开的分店，那是我经常去淘书的地方，大量文史方面的书都是在那个书店买的。

比如上海古籍出版社1980年的《李白集校注》，一套4册，7.40元；中华书局1977年影印的《文选》，全套3册，5.40元。当时一般的书价，每册都在1元以下。而南京城里大学生的生活费用，一般每月有20元就可以应付，30元就相当宽裕了——当然，如今诱惑大学生花钱的种种花样，那时都还没有。所以我当时买这些书，在同学们眼中是双重的"豪奢"：一套书可以用掉一周半月的饭钱，一也；作为一个天体物理专业的学生，竟肯重金买这些"不相干"的古书，二也。

从南大毕业的时候，我已经有很多书了。我把这些书装箱托运到北京，因为我将在北京读研究生。我的阅读，特别是专业之外的阅读，又让我轻松通过了研究生考试。

我最初的想法是报考复旦大学先秦文学专业，并为此做了许多准备，但是到报名时我才知道，我要报考的导师因病取消了招生。回到宿舍后，一位同学对我说："我看到一个奇怪的专业，考三门课：天文学导论、中国通史、古代汉语。这三门对你来说不是都很合适吗？"我一查是席泽宗先生招生，这是我第一次听说席先生。做出决定之前，我去征询了副系主任卢央教授的意见，卢教授说"你想考席先生算是想对了"。据他说，这是席先生第四年招研究生了，前三年他一个学生也没招到。我一听，便去报名。那时是大四的第一学期，到第二学期开学的时候，我就拿到了录取通知书。后来席先生对我说，我的古汉语成绩是所里有史以来最好的，总的考分也很高。

我当时并不知道考上席先生研究生的意义，我还根本不懂什么是科学史，也根本不了解科学史界。原来席先生是中国科学史界的泰斗人物，我误打误撞，找到了一位好导师。

初入科学史之途

1982 年，我从上海去北京，到中国科学院自然科学史研究所念科学史专业的研究生。当时，科学史在国内并非显学——

事实上,到今天也不是。

在中国,虽然科学史研究的萌芽可以上溯到两千年前,但通常认为,真正具有现代专业形态的科学史研究,到20世纪初方才出现。而在20世纪上半叶这段时间,中国具有专业形态的科学史研究,基本上还只是学者个人的业余活动,因为从事科学史研究的学者还必须靠其他职业谋生——著名的如李俨先生靠铁路工程师职业谋生,严敦杰先生靠会计工作谋生,等等。科学史这一学科在中国的建制化进程的第一步,是20世纪50年代"自然科学史研究室"的设立——这意味着国家已经为科学史研究设立了若干职位,或者说,可以有人靠从事科学史研究谋生了。"文革"结束后,该研究室升格为中国科学院自然科学史研究所,长期被视为国内科学史研究的正统机构。但是,甚至直到20世纪90年代,中国科学院自己的不少官员都不知道有自然科学史研究所这一机构,所里派员去院部办事时,不止一次遇到官员问:咱们还有这样一个所吗?

与科学史专业在国内的处境相应的是,国内在与科学史有关的图书出版方面也较其他领域更为冷清。但也还是能找到一些,《科学史》就是其中之一。

我刚到北京读书之初,有一天在我叔叔家见到商务印书馆出版的英国人丹皮尔(William Dampier)写的《科学史——及其与哲学和宗教的关系》(*A History of Science and Its Relations with Philosophy and Religion*)一书,顿时心跳加速,想到自己现在开始做科学史这一行了，这类书可是不能不看的啊。那时叔叔正开始在中组部负责关于科技工作者政策方面的工作，所以倒是对我带着路上看的一本书（书名已记不得了）感兴趣，于是叔侄俩交换了书——叔叔将丹皮尔的《科学史》送我，我将那本涉及科技政策的书给了他。从此，这本精装的《科学史》伴随我度过了学习科学史的"菜鸟"阶段，至今仍在我的书架上。虽然它的纸张已经发黄变脆，而后来商务印书馆也出版过它的新版（再往后还有广西师大出版社的新版），但我一直不舍得换纸张更好的新版，因为在这本旧版发黄的纸页上，画满了我当年留下的红、蓝标记和写在空白处的笔记，即使仅仅为了怀旧，我也不忍弃之。

1988年我通过博士论文答辩，成为中国天文学史专业的第一个博士，当时的《中国科学报》头版还做了报道。接着我就去中国科学院上海天文台工作，这使我又有机会和丹皮尔的《科学史》结下另一段缘分。

《科学史》中译本的译者李珩，是中国科学院上海天文台的首任台长，那时他早已年迈卸任，但我还赶得上在他归于道山之前趋府叩谒。我当年的"枕中鸿秘"之中，有三种是李珩翻译的（除了《科学史》，另两种是丹容的《球面天文学和天体力学引论》和弗拉马里翁的名著《大众天文学》），所以心中自然对李珩颇为崇敬。记得那天李老先生谈兴甚浓，提到了他翻译工作的往事。我虽大部分时间只是洗耳恭听，但感觉如沐春风。那天在李珩家中,我还见到了另一位大名鼎鼎的翻译者,即小说《红与黑》的中译者,华东师范大学教授罗玉君——她是李老先生的太太。我是在"文革"中读的《红与黑》,它曾经给我带来极大的震撼。可惜我那天没有想到将这几本书带去请他们签名留念。

现在有不少人感到,作为一部科学通史,丹皮尔的《科学史》已经过时。在某种程度上确实可以这样说——毕竟该书初版于1929年,距今已近百年。但我并不认为它已经可以被后来的科学通史著作完全替代。例如,该书的副标题"及其与哲学和宗教的关系",就表明了一种开放的视野,而这种视野往往是我们所欠缺的。所以直到今天,这部《科学史》仍是上海交通大学科学技术史专业研究生报考的指定参考书之一。

帝都淘书路线图

研究生时期住的条件好了,可以有更大的空间放更多的书。我念研究生时的津贴是46元,反而比上大学时的工资少了10元,所以有时候看到一些很贵的书,比如《马王堆汉墓帛书》《泰晤士世界历史地图集》之类,虽然喜欢,却也不免犹豫。不过,我在研究生阶段已经开始给报纸杂志写文章,可以挣到稿费,这让我依旧能买书买得比较爽。

改革开放之初,对图书的种种禁锢刚刚打破,有些在今天看来实在是平淡无奇的书,那时即使出版了,也要"内部发行",甚至要提供某种"单位证明"才能买到。记得1983年商务印书馆出版了一本《理想的冲突——西方社会中变化着的价值观念》,就是要出示证明才能购买的。那时我好像是从研究生院的老师那里忽悠了一个什么证明(细节记不准确了),这才将它买回来。

在这种氛围中买回来的书,读起来的感觉,和今天轻易到手的书是大不一样的。今天重新翻开当年那本《理想的冲突——西方社会中变化着的价值观念》,发现上面画满了红色的直线、波纹线、斜的连线(连接两个相关的概念或事物)、框线(将某一段重要的话框出来)等,最后一页上记着"1984.2.14.17:30读毕"字样,足见当时阅读得多么认真。这本书算不上特别好的书,但当时国门初开,对于我们这些求知若渴的年轻人来说,它确实是一本了解西方重要思潮的不错的入门书。

在北京读研究生的时候,我和我的同学们喜欢做"联络图":在一张北京地图上找到尽可能多的中国书店营业部,然后设计一个路线,可以经过最多的营业部。有一天,我感觉需要搞一本丹容的《球面天文学和天体力学引论》,于是就按照线路图出去"搜书",但是搜了差不多一天也没搜到这本书。那会儿已是下午3点多,我看见旁边一个电影院正在上映潘虹主演的电影《杜十娘》,于是决定去看电影。买好了票,离开场还有半小时，我便在街上闲逛，结果发现了一个很小的中国书店营业部——它并不在我们的"联络图"上。更奇妙的是，在这家书店里，我竟然找到了丹容的那本书！是一本打折的旧书，但书的品相甚好。事后再想，假如那天不是因为临时起意看电影，就不可能买到这本书了。

我的书房故事

我要申请专利吗？

1986年，我修完了博士阶段的学分，进入论文阶段，可以经常住在上海。这一年女儿也出生了。有了自己的家，我开始建设真正的书房。在北京的几年里，我搜了很多书。这些书里有一些和我太太的书是重复的，我便把它们送给我在北京的哥们儿了。太太没有的那些书我还是要装箱运回上海。尽管送掉了一些，书还是很多。

这个时候我在上海有一间一室一厅的房子，其中房间16平方米，厅10平方米，还有一个阳台。房子不大，但对于那个时代的年轻人来说，已经很幸福了。在16平方米的那个房间，我用了一面墙来做我的书橱。

在书橱的设计上，我花了一些心思：很多人家里的书橱用得久了，木板中间部分就会凹下去，通常人们认为这是因为木板不够结实，所以相应的办法就是使用更厚的木板，但同样的问题还是会出现。我用的板是空心的，把一般的木头钉成一个框，两面用三合板封住，然后将整个书架固定在墙上（通常都是占据一整面墙），它能承受的分量远远超过实心板。多年来我一直用这种书架，非但经济实惠，而且在住得最久的宅子中，这样的书架用了15年，但从来没有出现过弯曲下垂的现象。后来有人建议我就这个书架设计申请专利，我现在还真有点认真考虑的意思。

1992年，我搬进中科院的小区。那套房子有两大间朝南的房间，门厅很小，有独立的厨房。那时我是副研究员，能分到那样的房子也很不错。

搬进新居，我太太慷慨地把其中一间给我做书房。在那个屋子里，我的阅读和写作非常愉快，甚至比现在都愉快。夏天的时候，我喜欢在地上铺一张大席子，要写东西的时候就去电脑上写一会儿——搬进那间屋子不久就有电脑了，其他时间都赖在席子上，困了就在书堆里一躺，醒了接着看书干活。那时候我干活很卖力，写了不少东西。很多人以为我非常高产，其实我写东西不快，但我用了大量的时间来做这件事。我不想出国，不想下海，就想安心做学问。

1999年调到上海交通大学以后，我的生活就改变了。进入上海交大这件事本身相当高调，我和同事们创建了国内第一个科学史系，新华社为此发了全球通稿——新华社为我发过三次全球通稿，此前两次分别是关于武王伐纣和孔子诞辰的研究。当时正值"两会"期间，但是中央电视台闻讯还是自行派出了四人摄制组专程前来上海交大采访。

在此之前一年，1998年，我搬入了武定西路的宅子。这个宅子的书房，可以算是上海滩最有名的书房之一了，仅中央电视台就在这里拍摄过十余次，上海当地和其他地方的媒体拍摄、报道的次数更多。很多人曾慕名来看，这可能在很大程度上是因为我在书架上弄出了创新——参照档案馆中的滑轨式密集架的设计，尺寸和形状都按照我的要求，由厂家单独制作加工。将档案馆图书馆使用的密集架装置到家里，人们确信在上海我肯定是第一人，在全国是不是则不好说。这引起了一些人的关注，很多时尚杂志报道过我和我的书房。我的书房甚至出现在家居设计类的畅销书中，比如欧阳应霁的《回家真好》，在海峡两岸出版，生活·读书·新知三联书店多次重印。央视为此又到我书房中拍摄了一回。由于采用密集架的设计，我现在的藏书已经超过5万册，但在整个住宅中并不显得拥挤。

在拥有了一间真正意义上的自己的书房之后，我聚了更多的书。当年我有一次和小姨交流体会，我说你们女子逛店买衣服是不是跟我逛书店一样，如果我今天逛了好几个书店没有买到任何喜欢的书，回来的时候就觉得腿特别酸，浑身不得劲。小姨说太对了，我们买衣服也是一样，如果什么也买不到，回来以后就觉得脚重得都拖不动，但是如果买到了喜欢的衣服，回来以后就一点不累,一到家就在镜子前面先穿起来臭美一回。如今大家网上购书,网上买衣服,这种乐趣和失望就不能体会了。

我其实不应该算藏书家,因为我没有藏书家所在意的版本、升值等这些概念。有人发明了"爱书家"的名字,我觉得也许更适合我。但我很介意书的品相,如果碰巧遇到品相不好的书,我甚至会自己动手重新修整。

我的"书房宝物"

我有两件"书房宝物",《科学时报》(2003年4月24日)居然曾经报道过:

> 江晓原有戈革前辈所赐印章七枚,最大的长八公分阔四公分,最常用的有"江郎长物"和"二化斋"两枚。戈革在篆刻界或许不知名,而许多大家都很喜欢他的篆刻。钱锺书常用的三枚印章中,有一枚就是戈革的作品;于光远先生拥有戈革刻印最多,曾在香港出过一个集子(《碎思录》)。
>
> 细砂纸,将其固定在方头木棍上,遇到书页裁剪不齐,多出来有折回去的部分,大多读书人读过后,再照样折回,或有心细的,则用剪刀剪去。江、止(止庵)二位则嫌用剪刀剪去的不够整齐,便自制上述工具,与书籍成直角,小

心将多余部分一点点磨去，说这样修整后，与其他页分毫不差。这种工具从前的书店店员和印刷厂的老员工才有，现在已不多见。

读高雅书籍，看低俗影片，写雅俗共赏文章

除了学术研究可能用到的书，我的很大一部分书来自我的兴趣与个人爱好。比如有一段时间，我迷恋艺术史，于是想办法找了不少书，看了一些艺术史方面的史料，这就完全是出于业余爱好了。我觉得这种冲动非常可贵。年轻的时候不觉得，因为求知欲本来就强，某一阶段对什么感兴趣，就把这方面的书找来。随着人过中年，越来越感到这种冲动的可贵，要珍惜每一次读书、观影的冲动。

我总觉得对一件事有兴趣，要进入较高层次的时候，就要去找这方面的书。这种做法很书呆子气，但是很管用。比如我当年迷恋象棋，就收集了许多棋谱，包括古代的和现代的，甚至收集了象棋史方面的著作。又如我后来喜欢上了电影，想有更多了解，就去搜集书，看有关的杂志。这和做学问的道理是一样的。

这么多年以来，我一直以读书和观影为乐事。读书是我人生的一种精神支柱：我需要通过读书来支撑自己，让自己觉得自己是充实富有的，不是那么虚幻的。不知道别人读书是否意味着这样,但对我是如此。多年前曾有媒体问我:日常喜欢做些什么?我说喜欢三件事:读高雅书籍,看低俗影片,写雅俗共赏文章。这虽出于戏仿,且有自我标榜的成分,但说的也是实情。这三句话媒体非常喜欢,在网上流传甚广。

聚书最直接的好处,就是需要的时候随时可以找到。很多人都有这样的体会:我们的图书馆服务很长时间都不理想,尤其是公共图书馆,所以我基本上不去。当然,把一些可能用到的书聚在家中,这不是一个很经济的做法,但的确需要的时候非常方便。至于因为兴趣爱好而收集的书,当然更是必须陪伴在身边,才能给你带来愉悦——怎么可能想起把玩某书就动身去一趟图书馆呢?

现在不少人喜欢收集电子版的书籍,这当然节省了贮藏的空间,也方便查阅。我在电脑上也收集了不少电子书籍,但只是需要用时查阅而已。我感觉这只是查资料,不是真正的读书,因为阅读纸书时的愉悦感荡然无存。电子书问世也好多年了,至今图书市场上主要还是纸书,电子书只是配角。不少出版社将部分高端纸书工艺品化,也是诉诸人们在阅读传统纸书时的愉悦感。

我喜欢整洁,不管是书房还是电脑,所以我的书从不乱堆,电脑的情形与书房大抵相似,搜集到的材料分别归入不同的文件夹,基本上要找到它们还是比较快的。有一次,我太太出门旅游,临走从我的书架上抽了一本书带着准备在路上看。那天她走后不久,我恰好想要用这本书,一看书不见了,就打电话问她。她说几万册书她才拿走一册,才拿走了几个钟头,怎么就被发现了呢?后来我小姨感叹说,要想偷偷拿走江晓原的书是很难的,他随时都会像电脑监控一样。

爱书的人只是看着自己的书架都会很愉快的。如果我某一天能够完全不出门,整天在家,那我大部分时间都会待在书房里,有许多书和影碟陪伴我,写了文章就从网上发掉。也许,我早就是一个书虫了。

阅读综合征

随着我的藏书越来越丰富,"阅读综合征"就渐渐出现了。

藏书越来越丰富,这不仅是我个人的原因,我们的图书出版品种本来就越来越多(现在达到每年数十万种),同时,我得到书也越来越容易——收入提高了,出版社的朋友也越来越多了,而且我写书评多了以后,报纸杂志也经常给我寄书。本来新书来了,我通常都要亲近一番——披阅目录、前言、后记和译后记之类,还要盖上我的藏书印,书的品相如有缺陷我还要修整。但是随着新书来得越来越多、越来越快,有时就亲近不过来了,新书就常常堆放在案头。

我原有古人"三上"读书的"恶习"——"三上"者,"枕上、厕上、马上"之谓也——"马上"对于现代人当然要换成

"车上""飞机上"等，反正是在交通工具上。我的"阅读综合征"，最初就出现在"厕上"和"马上"。

我出门之前，习惯先找一本书。起先这种找书不费踌躇，拿一本就走了；等到书多了，特别是那些放在案头尚未来得及亲近的书一多，出门之前找书就踌躇起来——这本已经答应人家写书评，似乎理应先看；但这本是寻觅了很久之后昨天才刚刚搞来，真想看看到底是何光景；而这本则是如此有趣，为什么不先睹为快呢？……如此这般，到底拿哪一本好？有时会让我犹豫半天，最后随便拿一本了事。现在看来，这正是"阅读综合征"的典型表现。

对此我还可以提出两个旁证。

第一个是以前读到过的晋朝何曾的故事，说他"食日万钱，犹曰无下箸处"。这一直被作为贵族生活奢侈的例证，因为何曾"厨膳滋味，过于王者"，看来像一个饕餮之徒。但是现在从"阅读综合征"的思路来看，何曾只是"下箸综合征"而已——每天每顿饭都"食前方丈"，对着几十上百种佳肴，当然就会不知往哪碗菜下筷子嘛。如果每顿饭只有一碗咸菜，他一定不会"无下箸处"了！何曾面对佳肴时的心理，和我面对好书时的心理，其实是完全一样的。

第二个旁证更为有力——如今我的"阅读综合征"又有了扩展，已经扩展为"观影综合征"。现在我每次要观影时，经常为"这次看哪一部"而大费踌躇。我收藏电影的历史已有18

年，从最初的 DVD 开始，现在已经收集了高清影视作品 1.2 万多部。我的第一批 DVD 是 19 部 007 影片，那时我愉快安心，毫不踌躇，每天晚上看一部，19 天看完，在《书城》杂志上写了我的第一篇影评文章。按理说，随着我收集的电影越来越多，我看过的影片也越来越多，我对影片的把握和预期也应该越来越有经验，谁知现在却越来越不知道先看哪一部好了。

与对书的贪欲一起增长的，是越来越多的好书顾不上看。一些书放在桌上要看的，过了几个月还没看，它们又会被更新的书取代。我前一阵理书的时候发现，有一本书 20 年前就说要看，但是 20 年了还没看，这真是很让人羞愧的毛病。和我一样，我女儿在高中时就开始出现这个毛病，她要看的书放在那里，一个学期两个学期也没看，她说忙啊。那一幕到今天已经又过了十几年，如今她是历史建筑保护方面的专业工程师，肯定更忙了。现在生活节奏越来越快，诱惑越来越多，很多很好的书说好要看的，都没能看。

少年惊艳《梅花谱》

我以前写过一篇题为《迷恋〈西厢记〉,冷落天文学》的文章,其实在《西厢记》之前,曾经有另一册古书让我大为痴迷,而且其程度远远超出《西厢记》,那就是《梅花谱》——不要误会,这《梅花谱》既不是养花种花的手册,也不是青楼名妓的花榜,而是一种清代的象棋谱。

我在"文革"后期的1972年进入上海一家纺织厂当电工,那时还是个不太懂事的17岁少年。我所在的这家工厂棋风甚炽,在当时的上海纺织行业小有名气。那几年,象棋成了我青春骚动期的梦中情人。我对象棋的痴迷程度,只要提一个细节就可见一斑:我家的老式缝纫机上总是放着棋盘,盘中总是有正在拆解的棋局,我甚至午夜梦回想起一着,就会起身到棋盘上去摆放参详。

就在这时我读到了《梅花谱》。一种"惊艳"的感觉,让我一下就为之倾倒。

在中国象棋的布局发展史上,《梅花谱》被认为是一部里程碑式的著作。在此之前,以晚明棋谱《橘中秘》为代表的早期布局理论一直认为,在开局中,只能用当头炮对抗当头炮(顺炮或列炮),后手起马是无法抗衡当头炮的。而《梅花谱》一出,以八局精妙无比的"后手屏风马破当头炮",宣告了"屏风马足以对抗当头炮"的布局新时代——直到今天,这一结论仍然是主流象棋布局理论所赞同的。

关于《梅花谱》的作者,我们所知甚少,只有书前的序中有如下一段信息:

> 安寨先生姓王名再樾,字正己,康熙时人,家贫,性刚直,力学不求闻达,而世亦无知之者。抑郁无聊,为象戏以消岁月。得意疾书,爰成六则,遂名之曰《梅花谱》。其间纵横驰骤,不可端倪,真有行到水穷、坐看云起之妙,诚象戏之钜观也。

看来这是一位寂寞高手。当然,那时象棋也还不是真正能够登大雅之堂的游戏(直到现在居然还有人认为中国象棋的地位在国际象棋和围棋之下),所以那时的象棋高手也许很难不寂寞。

《梅花谱》八局"后手屏风马破当头炮"被认为是全谱最精华的部分。上来第一局"破巡河车吃卒用炮打象"就先声夺人,以大开大阖的阵势诱敌深入,弃子夺势,随后自己也单骑突进,直捣黄龙,一连串匪夷所思的精妙杀着,令先行的当头炮方防御全线崩溃,最终被逼入绝境。此后七局,局局都有突破和创新,谓之"有行到水穷、坐看云起之妙",信非虚语。由此一举奠定屏风马布局体系的地位。

在 20 世纪 70 年代,中国象棋的布局理论早已告别了初级阶段,杨官璘等的三集《中国象棋谱》在 1957—1962 年出版,代表了那个时代布局理论的高度(我当时读的是 1974 年第 4 次印刷的版本)。但是告别了初级阶段的布局理论,对于非专业棋手来说,有一个很没劲的特点,那就是太平淡。因为现代布局理论中,双方都走"官着",即不犯错误的着法,于是四平八稳,最终走向"官和"——大家都不犯错误的着法,当然只能导向和棋。

可是在《橘中秘》和《梅花谱》之类的古谱中,那些精妙的杀法之所以能够上演,恰恰是因为有一方犯了错误——尽管这种错误通常不容易被意识到,或者是业余棋手容易犯的。古谱中这种传统一直保持到清朝末年。这种"有人犯错误"的棋谱,对于业余棋手来说,有着更大的吸引力,因为那些精妙绝伦的杀法会给读者以极深的印象,而那些导致精妙杀法能够上演的错误,也会因此被深深记入读者的脑海。

《梅花谱》被视为里程碑式的作品,并不是仅仅依靠八局"后手屏风马破当头炮"。在传统的斗炮局中,《梅花谱》也有极高的造诣，可以说它将《橘中秘》所代表的早期斗炮布局也推到了全新高度。它的"顺炮直车破横车"五局、"顺炮横车破直车"五局和"列手炮"五局，着法雄浑有力，同时处处充满机巧，令人叹为观止。这里我可以举一个亲身经历的例子。

我自己当年的象棋水平，在我工作的纺织厂，排不进前五位（当年全国冠军胡荣华来我厂进行表演赛——他一人以盲棋同时对抗我厂五人五局明棋——我就未能入选），但也许是因为我们厂棋风甚炽，我1978年春进入南京大学后，居然四年都忝列校学生象棋队的成员。虽然我在校队排名最后（第七名），但在四年间对校外的比赛中竟保持了不败纪录。记得有一次比赛中，《梅花谱》就大放光彩。

那次是我们与南京师范学院（今南京师范大学）队比赛，我抽签抽到的对手，据说是那年他们的全校亚军。比赛开始后，走到第八回合，对方陷入长考，我就去洗手间了。我的一个队友悄悄跟进来，低声对我说：你怎么能那样下？太危险了！我对他说：你看好，我回去他就会投降。队友将信将疑。我回到棋局，对方继续思考了几分钟后，果然投子认输！这时相邻各台都刚刚开局，我这台居然八个回合就在众人惊异的目光中奏凯收兵。

原来这一局我就是采用了《梅花谱》"顺炮直车破横车"第一局一个变例中的着法，让对方落入了陷阱。虽然他右炮沉底并吃去我未动的左马，对我左路形成凌厉攻势，然而我的双炮和右车引而不发，对他构成绝杀。他开始长考时已经意识到情形不妙，长考的结果使他看到无论怎样挽救都无济于事，所以决定不再死拼下去，早早投子认输，接受一个体面的失败。

但自从念研究生以后，我对象棋的兴趣烟消云散，棋艺自然也早已不复当年。如今我电脑中有电子版《梅花谱》以及许多其他象棋古谱，偶尔在电脑上打打谱，或参详一番高手对局，那也只是一种怀旧情结了。

《梅花谱》有中华书局1926年排印本，校阅者居然是吕思勉。10年后的第6次印刷，当时定价"国币"三角，如今网上旧书索价数百元人民币。

（原载《博览群书》2009年第1期）

读史者当有其图:《泰晤士世界历史地图集》

几十年来,我读历史时总喜欢在手边放两种工具书:一是历史年表,二是历史地图集。逢到重要的事件或战役、重要人物的出生或去世、重要书籍的完成或出版……年表可以用来确立时间轴上的点,历史地图集可以帮助确立空间中的位置。如此读史,非但容易记忆,而且趣味盎然。

1985年我还在北京念研究生时,生活·读书·新知三联书店出版了《泰晤士世界历史地图集》(The Times Atlas of World History),尽管我知道这绝对是好书,但当时75元人民币的定价吓得我不敢问津——我那时的研究生津贴每月只有46元,买一本75元的书就意味着要有两个月没法过日子,所以只好望书兴叹。作为替代物,我买了一本《钱伯斯世界历史地图》(Chambers Atlas of World History),也是三联书店出的,性质与功能都和《泰晤士世界历史地图集》相仿,当然规模小得多,没有后者那样辉煌壮观,也没有大事年表和文字论述,只有地图和索引，但只要 1.65 元，正适合穷学生购买使用。这本书此后陪伴我读了 10 年历史，对我的帮助确实不小。后来虽用不着了，但每次搬家都要珍重相随，至今犹在书架上，纸张已泛黄朽脆矣。

10 年后，书店将 1985 年印刷的《泰晤士世界历史地图集》贴上"定价 240 元"的小条子出售，我没有犹豫就买了一册。此时 240 元毕竟只是我一个月工资的几分之一了，真此一时彼一时也。

这部《泰晤士世界历史地图集》由英国的杰弗里·巴勒克拉夫（Geoffrey Barraclough）主编，伦敦泰晤士图书公司 1978 年初版。参加执笔者共 72 人，几乎全是牛津、剑桥、伦敦大学或大英博物馆等著名学术机构中的学者。中译本由三联书店出版，邓蜀生编辑。8 开精装，全书除索引部分外皆为彩版，由泰晤士图书公司提供全套胶片，上海中华印刷厂印刷装订，印刷质量之高，在 20 世纪 80 年代的中国出版物中，绝对遥居一流。

全书主要包括如下几大部分：世界历史大事年表、世界历史地图、专名汇编、索引等。

"世界历史大事年表"始于公元前 9000 年。每页横向分列 5 栏，依次为：亚洲、欧洲、近东和北非、其他地区、文化和技术；纵向按年代排列。各栏中有对应的大事则标明准确年代加以记录，无则空白。

"世界历史地图"是全书的主体，分为 7 篇：1. 早期人类的世界；2. 最初的文明；3. 欧亚的古典文明；4. 划分为地区的世界；5. 新兴的西方世界；6. 欧洲统治时期；7. 全球文明时代。

每篇之下又分细目，比如第3篇下的细目依次是：欧亚商业和文化的联系、欧亚的宗教联系（至公元500年）、希腊文明的传播、希腊化世界（公元前336年—公元前30年）、波斯诸帝国（公元前550年—公元637年）、中国的统一（公元前350年—公元220年）、印度：最初的帝国、北欧诸民族、罗马势力在意大利和地中海地区的扩张（至公元前31年）、罗马帝国：从奥古斯都到查士丁尼（公元前31年—公元565年）、罗马世界的经济（公元200年左右）、基督教的兴起（至公元600年）、古典世界的危机。

这些细目的设置视野宏阔，具体编排和印刷也别具匠心——每一细目总是刚好为对开的两页。篇幅上基本是图文对半。文字是简明扼要的宏观叙述（较少涉及各国国内的事件，而较多涉及"席卷各大洲的大规模运动"），图则是该书的精华所在。绝大部分图当然是地图，但也包括一些在历史上有重大意义的工具、工艺品之类的图片。这些精美的彩色地图不是一般意义上的地图，因为图中包括了如下各方面的丰富内容：各民族的疆界和势力范围及其变迁，重要军事远征、民族迁徙、探险和商业贸易的线路，著名战役的发生地，各主要宗教的分布范围，重要的修道院或庙宇，重要的城镇或要塞，地理方面的信息，经济方面的信息……

因此一图在手，读者见到的不再仅仅是各民族的政治变迁史，或是帝王将相的"相斫"史，而是一部全方位的历史，一部各文明、各民族之间互动的历史。

"专名汇编"实际上是一部世界历史小辞典。"索引"包括了国名、地名等数千条，所有在书中提到的事件的发生地全都列出。

欲学习历史、理解历史，离不开地图。文字在很多情况下无法提供地图所能提供的信息，因为历史事件的发生，包括了时间和空间两个方面。而多年来我们那种以死记硬背为能事的历史教学，通常只注意时间这一维。注意这一维当然是必要的，记住各王朝的建立和结束年代、重大历史事件的发生年代、重要历史人物的生卒年代等，是治史的基本功夫。但是年代所反映的时间概念，实际上都是和空间概念密切结合在一起的。如要真正把握历史，就要设法将时间和空间统一起来。

关于用图来反映王朝疆域的沿革（以及历代行政区划的沿革），古代中国人也已经注意到了。西晋裴秀曾作《禹贡地域图》，唐代贾耽曾绘《海内华夷图》，二图原本早已佚失，但历代继响不绝。发展到极致，就是已故谭其骧先生主编的《中国历史地图集》八大册，中国历代王朝疆域及行政区划沿革，无不一目了然。但是重大历史事件，比如亚历山大远征、十字军东进、匈奴西迁等，是在怎样的空间范围和环境条件下展开的呢？要寻求这方面的时空统一，中国传统的地图往往就无能为力了,而像《泰晤士世界历史地图集》这样能够反映这方面时空统一的地图集,在西方却比较常见。

近年来国内打算重版《泰晤士世界历史地图集》中译本的出版人,时时有之,但至今未见实施。抚玩旧籍,感慨系之,特撰小文以纪其事。

《泰晤士世界历史地图集》,杰弗里·巴勒克拉夫主编,毛昭晰等译,生活·读书·新知三联书店,1985年,定价:240元。

(原载《第一财经日报》2013年11月8日)

当了巴比伦王室的见习巫觋
——《巴比伦泥版楔形文书天文表》

20 世纪 80 年代初,我在北京念中国科学院自然科学史研究所的研究生,常有机会随侍先师席泽宗院士。先师讲学余暇,也不时回忆学界前辈种种逸闻趣事,每每令我听之入迷,或大开眼界,或心向往之。一日先师闲谈时曰,某院士曾向其亲言:"自己一生学问,就从几册书中来。"初闻此语,颇觉夸张,因与我一向服膺的"博览群书"之旨明显不合。先师曰:这样的书,当然是指那种能够为一门学问打下扎实基础的传世之作,非等闲之书可比。我率尔叩问道:那我们天文学史领域中,有何书可以当此?先师略沉吟了一下,曰:诺格堡之《古代西方数理天文学史》,差可当之。

我那时初入学问之途,向学之心甚切,第二天就从研究所的图书馆——该馆至今仍是全中国最完备、最好的科学史专业图书馆——书库中将诺格堡(O. Neugebauer)的《古代西方数理天文学史》(*A History of Ancient Mathematical Astronomy*)借出，凡三巨册（两册正文一册附图）。当时也不管是不是力所能及，就摆开阵仗"攻读"起来。

诺氏书中的第二卷，专讲巴比伦天文学，其中经常引用到一种缩写为 *ACT* 的文献，因为老是遇到这个缩写，我就注意起来，一查，原来这书就是《巴比伦泥版楔形文书天文表》(*Astronomical Cuneiform Texts*)，正是诺氏本人编的，1955 年在伦敦出版。

那时老师们经常强调"第一手文献"的重要性，而以往中国学者之所以很少研究涉及西方天文学史的课题，主要原因之一就是在国内难以接近西方的第一手文献。现在这个 *ACT* 自然是当之无愧的第一手文献了，我怀着碰碰运气的心态，又到研究所图书馆的书库中去找，居然找到了！又是三巨册，布面精装。从那张早已发黄的空白登记卡上，我知道该图书馆 1956 年购入此书，30 年来，我是此书的第一个读者。

巴比伦故地在西亚两河流域（今伊拉克），古称美索不达米亚。这一地区的文明可以上溯到约公元前 4000 年时的苏美尔人（Sumerians），以后阿卡德人（Akkadians）、亚述人（Assyrians）、迦勒底人（Chaldeans）先后在这一地区建立统治。亚历山大大帝（Alexander the Great）于公元前 330 年征服该地区，公元前 323 年亚历山大大帝去世，他的部将们瓜分了这个昙花一现的大帝国，两河流域开始了塞琉古（Seleucid）王朝时期。

虽然迦勒底人的星占学和天文学在欧洲早已非常有名，但只是近百年来的考古研究才揭示出：在公元前的最后几个世纪中，有一个高度发达的数理天文学体系存在于美索不达米亚。已发现的天文学原始文献，绝大部分属于塞琉古时期，相当于中国的战国后期至西汉末年。在西方科学史上，这属于非常重要的"希腊化时期"。

这批已发现的巴比伦泥版楔形文书天文文献，主要是300张天文表。有三位耶稣会神甫，J. N. Strassmaier、J. Epping 和 F. X. Kugler，曾对此做了极为艰巨的整理工作，包括释读这些表格的内容、根据表格本身的数理结构将缺损部分补全等。诺格堡又在此三位神甫工作的基础上做了综合性研究，编成三巨册《巴比伦泥版楔形文书天文表》，前两册是对这些巴比伦天文表中天文学内容和数学方法的分析，第三册包括这些楔形文书泥版的照片、摹本和翻译成阿拉伯数字的原始表格。诺格堡在卷首将此书题赠给上述三位神甫，尊他们为研究巴比伦天文学的先驱。

尽管诺氏表示：由于巴比伦天文学发展过程的资料还很缺乏，"我们尚远远谈不到巴比伦天文学的历史"，但考虑到考古发现的偶然性，这批资料已经具有相当大的"集大成"性质。况且已经有人前赴后继做了如此艰巨的研究整理工作，将表格从恍如天书的巴比伦楔形文书变成了阿拉伯数字，那是何等难得！考虑到这些因素，我立刻将这三巨册借回宿舍，当成我的"枕中鸿秘"之一。

除了古希腊之外，世界诸古代文明中，都没有存在过现代意义上的天文学活动，存在的只是星占学活动——本质上可以归入巫术范畴。但是在星占这种巫术活动中，却不得不使用某些天文学方法。《巴比伦泥版楔形文书天文表》所记载的，就是在塞琉古王朝时期的星占活动中所使用的天文学方法和数据。

古代天文学的基本问题，一言以蔽之就是：在给定的时间、地点，推算出日、月、五大行星在天球上的位置。这在古代东西方都是如此。现代天体力学根据万有引力理论，可以准确推算出日、月、五大行星任意时刻在天球上的位置，而在天体力学问世之前，古人要解决上述问题，基本上只有两条途径：一是采用几何模型（古希腊天文学就是如此，受其影响的阿拉伯天文学和印度天文学也是如此），二是采用数值模型。

《巴比伦泥版楔形文书天文表》就是塞琉古王朝时期的周期数值模型：通过长期观测，积累了非常准确的数据，由此构建一系列周期函数，利用这些周期函数的叠加，可以相当精确地推算出日、月、五大行星任意时刻在天球上的位置。

不过，真要将书中这些神秘表格读懂，那可是一桩苦差。主要是它们实在太枯燥了。在我将博士课程全部修完，进入博士论文写作阶段——我的博士论文题目与巴比伦及这些楔形文书天文表完全没有关系——之后，有时就可以回上海了。有几个月时间，我在上海临时借的一间古人所谓"几榻萧然"的破屋中，发奋攻读诺氏的这两部大书。《巴比伦泥版楔形文表》既难懂，又非当务之急，当时究竟是什么念头驱使我在"两线作战"的状态下（那时的当务之急是准备博士论文）去攻读它们的，现在几乎已经记不起了。也许就是纯粹的好奇心吧。

钻研这些天文表时有一种相当奇特的感受。我在那间破屋中经常想，两千多年前的那些巴比伦星占学家，也就是巫觋（这是中国古代的说法，女巫曰巫，男巫曰觋），同样要钻研这些表啊，我现在就权当是在担任巴比伦王室的见习巫觋，进行专业培训吧。两千多年前的人都能弄懂的事情，我只要肯下功夫，总该也能弄懂吧。

这几个月的"见习巫觋"，最终并没有白当。我将《巴比伦泥版楔形文书天文表》中对太阳和行星运动不均匀性的描述，与中国六朝隋唐时代历法中的相应内容进行比较，发现了一些古代中西方天文学交流的新线索。随后的两年中，我在《天文学报》《自然辩证法通讯》等杂志上连续发表了一组讨论巴比伦天文学方法与古代中国历法之间关系的论文。这可以算是这场好奇心带来的意外成果。

O. Neugebauer: *Astronomical Cuneiform Texts (ACT)*, Lund Humphries, 1955.

（原载《博览群书》2009 年第 3 期）

寻找合适自己的读书方法

从本质上说,读书是一件相当个人化的事情。那种想象中的、普适的读书方法,即或有,往往也是大而化之、没有多少实际效用的。所以每个人都有必要摸索、尝试适合自己的读书方式。由于我们每个人的禀赋、性格、学植、环境等条件各不相同,适用的读书方法也就各不相同。正因为这样,我们看看别人分享的读书经验,还是有意义的——至少我们可以尝试他们分享的各种方法,看哪一种对自己合适。

多年以来,我先在中国科学院上海天文台从事研究工作15年,后来在上海交通大学执教迄今20年,又长期作为书评作者在媒体上活动,自己也出版了大量作品,这些都需要读书,所以我几乎可以说是一个"职业读书人"。下面分享我自己的一些读书方法。

同类参照

第一个方法，是将同类或相关的书参照起来读。这个方法是我在准备高考时悟得的。

我没有上过高中，初中毕业就进一家纺织厂当了电工。在我工作到第五年时，1977年恢复高考的消息传来，这时离考试还有三个月。为了参加高考，我必须在三个月内将高中的数理化课程学完。那时还没有什么"高复班"，而且对我来说也谈不到"复习"，我唯一的办法是自学。在自学的过程中，我遇到弄不懂的地方，就找一本同类教材来参照着读。我发现，有两三种同类教材参照着读，问题往往就能弄懂。

这个方法是否真的有效？那些我自以为弄懂了的问题，是真的懂了吗？在1977年的高考中，我的方法得到了检验——我以第一志愿考上了南京大学天文系的天体物理专业。我入学后才知道，这是南京大学最牛的理科专业，我们被视为"尖子中的尖子"。

在后来的学术生涯中，我将这个读书方法做了拓展：在我参照阅读的书中，如果包括敌对双方的论著，效果会更好。直到现在，我仍然在使用这个方法。如果要涉足一个新的研究课题，或对某事发生了兴趣，我就会找一堆相关书籍和文献来参照着读。

年表地图

第二个方法，是将历史年表和历史地图常备手边。这个方法是在开始从事科学史研究工作之后逐渐发现的，后来成为习惯。

科学史研究需要史学训练，而其中最基本的训练之一就是对"时间线"的敏感：讲一件事，先要对各种情节的发生、各方言论的发表等在时间先后上了然于心，然后才有可能对事件做出合理的分析。这就需要在读书时经常翻查历史年表，做到对"时间线"心中有数。历史年表有详有略，通常越详细越有用。比如我见过的详细的，具体到每年中各个事件、声明等发生、发表于几月几号。其实公众心目中的许多历史迷雾，只要将详细的日期一排，有时就很清楚了。

许多读史书或历史著作的人，都感觉要记住细节，包括人名、地名、事件等，是很大的挑战。虽然现在有互联网了，许多信息一查就能查到，但查阅再方便，和你"记得"也完全是两回事。你怎么可能在写文章、讲话、思考时，每个细节都去互联网上查一查？那样你还能和人即时谈话吗？在很多情况下，你甚至无法知道你需要查什么。

我发现，将历史年表和历史地图结合起来用，就会对历史阅读产生神助。在了解了一个事件发生的时间点和空间点之后，你会很容易记住这一事件。

现在中外历史年表可供选择的已有多种，针对某些专门领域，还出版了一些相当详细的历史年表。在历史地图方面，品种相对较少，这方面我特别推荐《泰晤士世界历史地图集》，其中还附有相当合用的历史年表和历史地名表。

后来我又将这种最初是为历史阅读服务的方法拓展到了其他方面的阅读中，发现也非常有帮助。

勤说勤写

第三个方法，是勤说勤写——找机会对你所读之书进行讲述或评论。

我们读一本书的初心是什么？大部分情况，应该是想弄清楚某些事情；小部分情况，是为了寻求某种精神满足。寻求精神满足的情况我们先不讨论，只讨论想弄清楚某些事情的情况。"弄清楚事情"其实还包括两种情形：一种是自己真的弄清楚了，另一种是以为自己弄清楚了——事实上未必真弄清楚了。

很多人读了一本书，感觉颇有收获，感觉自己对某些事情很清楚了，就往往带着不同程度的满足感，合上书本，就此止步了。事后他们还可能在一些场合相当自信地表示：这个事情我知道，是这样的……

但是，往往在这样的场合，考验就开始了：你说说看，这件事到底是怎样的？很多人其实说不清楚，尽管他们读过关于这件事的书。

读书的时候，获得"我知道是怎么回事了"的感觉是一回事，真正弄清楚是另一回事。要检验自己是不是真的弄清楚了，对人讲述是一个考验——你能够用大白话将一件事情、一个问题、一个概念等讲清楚，通常是以自己真正弄清楚了为前提的。诚如古人所言，"以其昏昏使人昭昭"是不可能的。

更大的考验是写文章。如果你想巩固乃至发扬读书的成果，最好的办法是就所读之书写一篇文章。由于我们所受的教育让我们在下意识里认为，书面材料比口头表达更正式、更严谨，要求更高，所以当你下笔写文章时，你通常更不敢"以其昏昏使人昭昭"了，否则就成妄人了。而文章质量可以让是否能发表来检验——质量越差的文章越难发表（自己贴在网上不叫发表）。

我常年在报纸杂志上写专栏，已经有20多年了。我体会，写作和读书是可以相互促进、相互激发的。读书能让你写文章更持之有据，言之成理，也更有新意。

学会"懂书"

中国现在每年出版新书数十万种，许多爱好读书的人都面临如何选书的问题。媒体也经常问我这方面的问题，希望能够对一般的读者提出一些有普遍意义的建议。这里我也尝试分享一些我个人的体会。

首先是要重视出版社。中国的国营出版社不到600家，其中能够出版有较广泛社会影响并且适合大众阅读的书籍的出版社，基本上只有两位数。还有一批数量更大的民营出版公司，它们需要用国营出版社的书号出书，经过这些年的分化组合，影响比较大的也只有两位数。这种品牌相对集中的现象，对于一般读者选书来说是有利的。这些大牌的国营出版社和民营出版公司，作者资源丰厚，专业力量也更强，通常出版的书质量都有保障。

其次是要重视作者。原则和重视出版社类似。因为通常权威大牌的作者对自己的学术声誉会非常爱护，不会把书做得太差，一般也不会随便让别人胡乱借用自己的名义（比如挂名主编之类）。

那么，接下来的问题就是：一般读者，如何判断出版社的品牌声誉呢？如何判断作者是否权威大牌呢？确实，对于这两个问题，除了出版行业内的资深人士，以及已经跻身"权威大牌"的作者们，一般公众往往不那么容易了解。但是只要你肯做个有心人，了解的途径还是有的。这里我提两个建议供大家参考。

要了解出版社的品牌声誉，一个可行的途径，是经常阅读书业的有关报纸和杂志。有些报纸和杂志相当专业，对一般公众帮助不一定很大，但也有面向较为广泛读者的综合性报纸和杂志，比如《中华读书报》和《出版人》杂志，经常阅读，会有帮助。

要了解作者是否权威，是否大牌，其实更为容易。对于非专业的公众来说，可以去查知网、百度学术之类的网上资源，谁写过哪些文章，出版过哪些图书，乃至供职于哪个单位，都很容易了解。以通常的情形而论，发表过大量文章、出版过大量图书、供职于高端学术单位的作者，往往有很大概率是权威或大牌。不过，这个方法有一个缺陷：遇到姓名重合度非常高的单名作者，比如"刘伟""王杰"之类，甄别起来会比较麻烦。

如果将上述两条建议实行一段时间，你就会渐渐变成一个"懂书"的人，既知道哪些书权威、优质，还知道自己应该选什么书来读。由于日常生活中真正"懂书"的人不多，所以你"懂书"之后，还有机会对身边的亲友、同事提供帮助。

（原载《秘书工作》2020年第1期）

辑二 读书时的思考与疑问

星际航行：一堂令人沮丧的算术课

一万年太久，只争朝夕

霍金最近心血来潮，就地外文明、外星人等话题发表了意见，引发了媒体对此类话题的很大兴趣。话题之一，就是关于人类进行星际航行的可能性。

与地外文明话题联系在一起的"星际航行"，当然不包括在我们自己太阳系中进行的行星际航行——这种航行人类已经能够进行，尽管目前还只能在离地球不太远的地方（比如火星）稍转一转。由于到目前为止从未发现我们太阳系之内有别的文明，所以与地外文明联系在一起的"星际航行"总是指在恒星之间的航行。

要讨论这样的星际航行，我们可以先从非常简单的算术开始思考。

通常人们都愿意从离太阳系最近的一颗恒星——半人马座

的比邻星——开始思考，比邻星距离我们太阳系 4.3 光年，也就是说，以光速从地球到比邻星要运行 4.3 年。

目前人类实际能够达到的最高星际航行速度是多少呢？

从地球上飞出太阳系所需要的"第三宇宙速度"，人类已经能够实际达到，因为我们相信已经有航天器能够飞出太阳系（到底有没有飞出，其实很难确证），这个速度是 16.7 千米/秒。注意这个速度连光速（300000 千米/秒）的万分之一都不到。当然，按照常理，在此基础上再努力一下，增加一倍左右，达到 30 千米/秒，应该说还是不太离谱的。

如果我们以 30 千米/秒（光速的万分之一）的速度飞向比邻星，至少需要 43000 年。

如果我们能够达到 3000 千米/秒（光速的百分之一），飞到比邻星至少需要 430 年（这里完全忽略了飞船出发后加速、到达前减速之类的过程所需要的附加时间）。但这个速度对于人类目前的科技能力来说已经是遥不可及了。

其实在不少问题上，430 年和 43000 年是一样的。比如，这都大大超出了人类的正常寿命，也大大超出了机器的工作寿命（至少到现在为止，人类还没有机会实际考察任何现代机器设备能否安然工作 400 年，更不用说宇宙飞船这样极度复杂的系统了）。

我个人觉得还有一个更大的问题，那就是，任何在地球上的人们有生之年看不到结果的实验、考察、探险等活动，虽然在理论上可以进行，但实际上人们总会意识到它对自己毫无意义，所以很难设想这样的活动会得到实施。

也许正是考虑到了这一点，英国皇家宇航学会在20世纪70年代进行的星际航行模拟研究"Daedalus工程"（希腊神话中Daedalus造了翅膀逃出迷宫），设想的飞行速度是30000千米/秒（光速的十分之一），这在此后许多关于星际航行的假想中被视为一个重要"门槛"。之所以考虑采用这个"门槛"，也许和上面提到的心理有关——如果花43年飞到比邻星，再等4.3年让无线电报告传回地球，这样我们在有生之年（半个世纪内）还可以得到探险结果。

上穷碧落下黄泉，两处茫茫皆不见

星际航行是一个美丽的梦想，它既可以在当代科学主义纲领下不顾一切地被追求（现今人类的许多航天活动就是这样），也可以从古代纯粹的人文情怀中得到共鸣——《长恨歌》中那个道士还"排空驭气奔如电，升天入地求之遍"呢。所以，尽管人类目前实际能够达到的航行速度只有光速的万分之一量级，但并不妨碍科学家对星际航行展开丰富、系统而且大胆的想象。

这种想象已经提出了多种方案，大体可以分为两条路径。

一条路径是接受目前只能"慢速航行"的现实，考虑千百万年的长期航行。这样的航行必将面临一系列难以克服的困难。

首先是燃料从何处提供。目前人类都是采用固体、液体或气体燃料来驱动飞船,但是飞船出发时不可能携带43000年的燃料,现在也没有任何在中途添加燃料的能力。想象中的核动力也难以维持如此之长的年代。其次是机器设备的工作寿命,迄今为止还没有一架航天器持续工作过50年,43000年谁敢指望?

这还只是考虑无人航天器,如果载人,则宇航员要么"冬眠",那飞船上的支持系统能工作千万年而不出差错吗?电影《2001太空漫游》中冬眠宇航员因生命维持系统遭电脑切断而被"谋杀"的命运如何避免?要么在飞船上传宗接代,那飞船就要被建设成一个小型的地球,这就更没谱了,况且还有近亲繁殖问题。

另一条路径当然是从加快航行速度上来着手,只要速度足够快,就可以消解上一条路径中的大部分困难。这时"Daedalus工程"中的十分之一光速"门槛"就经常会被用到。已设想的至少有如下几种重要方案:

核聚变发动机。这正是"Daedalus工程"本身所设想的方案,它用的是氢的同位素氘(D)和氦-3(^{3}He)聚变,这样无须用水来冷却发动机,但是方案所需的数千吨氦-3,则只能到木星上去提取。所以,这只是史诗般的假想,用来拍科幻电影可以，要实施的话，目前人类根本没有这样的能力和财力。

反物质发动机。欲将物质转换为能量，目前所知最有效者，莫过于物质与"反物质"的相遇湮灭，能够释放出巨大能量。如果想把 1 吨重的设备，在 50 年内送到比邻星，初步的计算表明，需要 1.2 公斤反物质。但是目前人类的技术能力，在这方面还差得太远。关于反物质发动机在技术上离我们有多远，只要提到一个事实就够了：反物质不能存放在任何有形容器中（因为任何有形容器都是物质，两者一相遇就要湮灭爆炸），只能被悬空拘束在一个真空磁场中。在丹·布朗的小说《天使与魔鬼》中，他只敢想象 1 克的反物质。而事实上，以人类现有的科技能力，哪怕只生产 1 毫克（1 克的千分之一）反物质，就需要耗尽全世界的能源。

光帆飞船。它很容易在公众心目中唤起诗意的联想，但是真要实施的话，技术上的困难是骇人听闻的。飞船的光帆将大到数十平方千米，厚度则只有 16 纳米（1 毫米的十万分之一多一点）。这样的帆怎样张开？更别说还要操纵它了。还需要在土星和天王星之间的某个位置建造巨大的太阳能-激光转换器，设想中该转换器直径竟达 1 千米，据说射出的激光束可以远至 40 光年不发散……不过，这个宏伟的方案真要实施的话，它的能量消耗将是现今整个地球生产能力的几万倍。

何以解忧，唯有虫洞？

上面这些史诗般的狂想方案中，基本上都没有考虑人。人类向外太空的探险行动，最先派出无人飞船当然可以，但最终总要派人去到彼处才行。而一旦考虑了人的因素，立刻会出现两方面的困难。

首先是生理上的问题。在"Daedalus 工程"类型的方案中，要求飞船的巡航速度达到光速的十分之一，即每秒 30000 千米，这必然有一个现今难以想象的加速过程，人体瞬间能够承受多大的加速度？对某种加速度又能够持续承受多长时间？在民航客机起飞和降落时，这么一点点加速度就会使某些乘客不适甚至发病。宇宙飞船如果急剧加速，说不定刚起飞不久，宇航员就七窍流血而死了。

其次是心理上的问题。如果奉派飞往比邻星，以光速的十分之一巡航，这对宇航员来说意味着什么？43 年如一日在船舱里，到了比邻星后，即使能够顺利返回地球，那至少也得 86 年以后了——这其实就是终身监禁啊！世间有几人能够承受？

人类星际航行的真正出路，恐怕只能是目前谁也没见过的虫洞了。

（原载《新发现》杂志 2010 年第 9 期）

地球 2.0？又一堂令人沮丧的算术课

刚好在整整五年前，我在"科学外史"专栏写过一篇《星际航行：一堂令人沮丧的算术课》(《新发现》杂志 2010 年第 9 期）。最近关于"发现另一个地球"的新闻甚嚣尘上，我稍微关心了一下，顺便又备了一堂算术课，忍不住要和读者分享一回。

"发现另一个地球"是什么意思？

当媒体使用"发现另一个地球"或"地球 2.0"这样的措辞时，在普通公众心目中唤起的想象，通常是这样的：天文学家在某处找到了一颗行星，那颗行星上的环境和地球相当类似，比如有大气层，有液态水，有和地球上相似的四季与温度，有距离远近合适的恒星作为它的太阳……

但在想象这种前景之前，我们必须先搞清楚，"发现另一个地球"到底是什么意思？是我们听到这个说法时通常想象的意思吗？

寻找类地行星的事情，其实一直有天文学家在做，也时不时要想办法在媒体上说一说。这次是 NASA（美国国家航空航天局）高调宣布的，它的"开普勒太空望远镜"发现了一颗类地行星，命名为"开普勒 452b"。按照最近公布的数据，"开普勒 452b"年龄约 60 亿岁，公转周期 385 天，质量"可能是地球的 5 倍"，据说它的"与地球相似指数"高达 0.98。

但是，千万不能轻易相信这些看起来头头是道的数据，也不要因为它们是 NASA 公布的就顶礼膜拜，因为还有一个致命的数据不声不响夹在中间。我一听说这次发现了另一个地球，首先就找这个数据："开普勒 452b"离地球多远？目前的数据是——1400 光年。

先回顾一下冥王星的故事吧

1400 光年意味着什么？正巧最近冥王星也非常热——尽管在物理上它是一颗"极度深寒"的星球，那我们就拿冥王星的故事当作标尺来用用吧。

1400 光年，就是说以光速（每秒 30 万千米）运行，需要 1400 年。而冥王星作为太阳系较为边远的天体，与太阳的距离，以光速运行大约需要 5 个半小时。这里就需要上算术课了：1400 年 = 365 × 24 × 1400 = 12264000 小时，也就是说,"开普勒452b"与地球的距离,是冥王星与太阳距离的12264000÷5.5 = 2229818倍,或者更粗略些说,"开普勒452b"与我们的距离是冥王星与我们距离的200多万倍。

考虑到冥王星与太阳的距离是地球与太阳平均距离的大约40倍,在谈论"开普勒452b"与我们的距离,或冥王星与我们的距离时,为了方便,我们其实可以忽略地球与太阳之间的平均距离(1个天文单位)。这样我们就知道,如果说"开普勒452b"是地球在远方的"大堂兄"或"大表哥",则冥王星简直就像和我们紧挨着的近邻。

那么我们就来看一看,我们对于冥王星这个紧挨着的近邻究竟知道多少。

通常我们关注某颗行星,特别重要的是它的这几个参数:尺度、质量、公转周期、与地球的距离。

冥王星是1930年被发现的,1980年出版的《中国大百科全书·天文学》告诉我们,冥王星的尺度"至今仍未定准",最初定为6400千米,后来给出的下限是2000千米,当时常采用2700千米的说法,现在较新的数据是2370千米,前后相差2.7倍。

冥王星的质量,在1971年以前被定为0.8地球质量,但到1978年被确定为0.0024地球质量,前后相差333倍。

只有冥王星的公转周期,前后说法相当一致,约248年。但要注意,从冥王星被发现迄今,它只运行了公转周期的三分之一,天文学家还远远没有见证它绕着太阳走完一圈,所以修正的余地仍然存在。

我们对冥王星的探测已经超过85年,2015年7月14日,"新地平线号"探测器已经从冥王星身边掠过,但我们对这颗"肮脏的冰球"所知仍然极为有限。想一想,对于比冥王星遥远200多万倍的"开普勒452b",天文学家能知道多少?他们有多大的依据可以断定这是"另一个地球"?

另外,NASA又是用什么手段"发现"了"开普勒452b"的呢?听起来也玄得很,他们的方法是"凌星法"。"凌星法"本来并不玄,比如当金星运行在地球和太阳之间时,有时会在日面上呈现一个微小的黑点,这就是所谓"金星凌日"。但是对于一个比冥王星还要遥远200多万倍的恒星来说,是不可能有"日面"的——无论在多大的望远镜中,它都只能呈现为一个光点。这种情况下,行星"凌日"能让我们"看见"什么呢?据说会导致望远镜中那颗恒星的亮度出现极为微弱的变化,NASA的科学家就是根据这一点"发现"了"另一个地球"的。这究竟有几分靠谱,你自己去估摸吧,反正能造成遥远恒星在望远镜中呈现亮度微弱变化的原因,还有好多种呢。

科学界这些镜花水月的发现啊!

30多年前,有一本《物理世界奇遇记》,在中国理科大学生中红极一时。书中有一句虚构的台词"好莱坞这些粗制滥造的电影啊",是我们同学在开玩笑时经常要拿来用的。现在,一句模仿的感叹,经常在我脑海中盘旋:科学界这些镜花水月的发现啊!

近年一系列科学新闻,都有某些共同之处。从言犹在耳的"原初引力波",到此次"另一个地球",中间还穿插着小一些的新闻,诸如在火星上"可能有水"啦(注意,在无法判断那上面到底有没有水的情况下,科学家们总是说"可能有水"而从不说"可能没水"),冥王星上的"大平原"或"氮河"啦……科学家们经常急不可待地将一些捕风捉影的、只是猜测的"重大科学新闻"向媒体兜售,有时学术论文还没有正式发表,就先向大众媒体和科普杂志披露,甚至不惜过一段时间后再向大众媒体和科普杂志表示,先前披露的重大新闻,"那是一个错误"(所谓的"原初引力波"就是这样)。

有些媒体和记者还喜欢跟着激动——至少是在文章或报道中装作很激动的样子,比如这次的"开普勒452b",竟然被说成是"科学发现改变三观",甚至提升到"为万世而未雨绸缪"这样骇人的高度。这恐怕已经是"刻奇"(Kitsch)了,当心过几天NASA的科学家又出来轻描淡写地对你说"那是一个错误"啊!

那么"开普勒452b"到底有什么意义呢?老老实实看,只能有两个:一、也许这样的行星上会有和我们人类类似的高等智慧生物和高等文明；二、也许将来我们地球人类可以移居到这样的行星上去。

我们从小在教科书上读到的是：生命产生的基本条件是要有阳光、空气和水。这个说法并没有错，但它只是从地球这个唯一样本"归纳"出来的。常识告诉我们，只靠一个样本根本无法形成基本意义上的"归纳"，但这一点在我们谈论生命、高等智慧、行星环境之类的问题时，却经常被遗忘。比如，为什么不能想象一种无需空气或无需阳光和水的生命形态？如果我们同意还可以有其他多种形态的生命或文明，那就将不得不同意，在千千万万个天体上都有可能存在生命，或存在高等文明。这样，"发现另一个地球"的第一个意义就被消解了。第二个意义更加镜花水月，只要想想"开普勒452b"离我们1400光年就知道了，以人类现有的航天能力，飞往那里大约需要2000万年（参见上一堂算术课）。

其实"发现另一个地球"还有第三个意义，倒是相当现实的——NASA近年来一直受到削减经费的困扰，它迫切需要增加各方对它的关注。

（原载《新发现》杂志 2015 年第 9 期）

地球流浪之后：第三堂令人沮丧的算术课

我已在"科学外史"专栏分享过两堂"令人沮丧的算术课",第一堂关于星际航行(《新发现》杂志 2010 年第 9 期),第二堂关于类地行星(《新发现》杂志 2015 年第 9 期),这次是第三堂了。

从《流浪地球》的故事结尾说起

我很早就指出,当代绝大部分科幻作品中的未来世界都是黑暗的,要解释这个事实形成的原因并非易事,也不是本文的任务,但这个事实本身是无可置疑的。后来有人问我:《流浪地球》的结尾算不算光明?

确实,从故事情节来看,《流浪地球》的结尾似乎是光明的——地球终于摆脱了木星的致命引力,踏上了流浪征途。这至少也可以算一个开放或中性的结尾吧?

但是，如果我们从现有的科学知识出发，试着展望一下，地球踏上流浪征途之后，将要面临的生存环境，就不难知道，这将是一段暗无天日的地狱之旅。如果打算用中国成语"九死一生"来形容，这个成语必须改成"万死一生"！

在刘慈欣小说原著中，有一处很少被人注意到的细节："地球大气已消失，……我看到地面上布满了奇怪的黄绿相间的半透明晶块，这是固体氧氮，是已冻结的空气。"而在电影《流浪地球》中，这个细节被毫不犹豫地省略了。这不奇怪，因为世界上几乎所有的科幻影片对于行星大气问题都采取了"视而不见"的态度——首先，男女主角们不可能长时间穿着带头盔的宇航服演戏；其次，人类迄今并未解决过任何星球的大气问题，所有关于制造或改造行星大气之说，都只是纯粹理论上的设想。

然而，恰恰是这个被影片省略的细节，对于流浪地球来说是致命的。

大气冻结成晶块，是因为离开太阳系之后，地球所处的外部环境是接近绝对零度的严寒世界，所以大气无法再保持为气态。如果说气态的大气好比地球的一件保暖羽绒衣，那么冻结成晶块的大气就好比羽绒衣湿透后又结成了冰——它再也不具备任何保暖功能了。换句话说，地球将长期在零下270摄氏度左右的严寒中裸奔！

我们的第三堂算术课，就从这里开始。

全球总能耗和地球所获太阳能总量的估算

首先,我们要估算流浪地球匀速巡航时每年需要耗费的总能量,为此我们先要知道目前地球每年的总能量消耗。

据《世界能源统计年鉴2019》的数据:2018年全球一次能源消费总量达到138.65亿吨油当量,即 **198亿吨标准煤**,同比增长2.9%。这个数字当然是逐年增长的,比如在2003年大约是146亿吨标准煤。

198亿吨标准煤这个数据有什么意义呢?在我们这次算术课中,它的意义必须在和另一个数据的对照中才能显现。

我们知道,地球上的所有能源,包括煤炭、石油、太阳能,归根结底都来自太阳,煤炭、石油可以视为太阳能在漫长岁月中的转换和存储而已。因此,我们需要估算地球每年能够从太阳得到多少能量。

我试了一晚上,不得不认为,要想从网上直接找到正确答案,几乎是不可能的。网上的数值五花八门,但几乎都是错的。尽管对于一个极为巨大的数值来说,差个十倍百倍甚至一万倍似乎都无关紧要,反正读者知道这是一个巨大的数量即可,但对于我们这次算术课来说,因为最后要归结到一个并不太巨大的数值上,所以还是需要准确。

为了解决这个问题,我决定从头开始。

天文学家提供了一个基本数据:太阳常数。这个常数有多种表达方式，数值也有小幅出入，但在这次算术课中，这个数值的小幅出入倒是无关宏旨。这里我们取《中国大百科全书·天文学》中的数值：**太阳常数 = 1.97 卡（cm^2/分钟）**，意思是太阳每分钟向地球所在位置的 1 平方厘米面积上投射 1.97 卡的能量。我们先做一点换算：

因为 1 克标准煤 = 7000 卡，

所以太阳常数 = 1.97 卡（cm^2/分钟）= 19700 卡（m^2/分钟）=（19700 / 7000）克标准煤（m^2/分钟）=（19700 / 7000）吨标准煤（km^2/分钟）。

地球的截面积是 127400000 km^2，这里"截面积"并不是地球的球形表面积，而是将地球视为一个圆面的面积。于是有：

（19700 / 7000）× 127400000 × 60 × 24 × 365.2422 = 188573671278720 吨标准煤（每年），

即太阳每年向地球投射的总能量约相当于 **189 万亿吨标准煤**。

这样我们就知道：**地球目前的全年能耗总量，只相当于太阳投射到地球的总能量的约万分之一**（198 / 1885736）。这个全球总能耗中，太阳能利用只占很小一部分。

流浪星舰在技术上确实更合理

也许有人会认为，既然我们只使用了太阳能中的极小一部分，那么当地球踏上流浪之旅后，我们也只需在目前全球能耗总量的基础上来考虑流浪地球所需要的能量。但这是一个大错特错的想法。

前面说过，地球的气态大气好比地球的一件保暖羽绒衣，更重要的是，当地球有这件羽绒衣的时候，它恰恰还沐浴在太阳的光辉下！

虽然地球上目前的全球总能耗只有地球所获太阳能的约万分之一，但那一万倍于地球能耗的太阳能，其实并非对地球环境毫无贡献，恰恰相反，这部分太阳能对现今的地球环境做出了极为重要的贡献——正是太阳温暖着地球，不仅没有让地球处在漫漫寒夜中，还让地球保持了大气这件羽绒衣。

所以，一个非常直接的推论是：**地球踏上流浪之旅后，如果还想保持现今的生态环境，我们每年就需要耗费现今地球全年总能耗约一万倍的能量！**

当然，流浪之旅嘛，大家都应该勒紧裤带过艰苦日子，不能再像以前那样奢侈了。我们就听任大气层消失，大家躲入地下生活。在这种情况下，以现在全球每年198亿吨标准煤的能耗，还能不能长期维持呢？答案是：非常困难。

流浪地球在失去"羽绒衣"的同时，也失去了日照，地球从此不再有四季和昼夜，只能永远在接近绝对零度的无边寒夜中裸奔。地底的人类为了生存，肯定需要耗费巨量能源用于加温。如果人类还以类似现在的状态生存，地下环境至少要保持在摄氏 10—20 度左右。这时内外温差将达到 280 度以上，巨大的温度梯度一定会使地下环境急剧散热。无论采取怎样极端的隔热保温措施，不持续耗费巨量能源，地下环境就不可能达到温度的动态平衡。所以，198 亿吨标准煤的年能耗很可能远远不够。

同时，由于失去了太阳，地球也就失去了一切外来能源，只能靠地球上的存量能源来维持人类生存。煤炭和石油很快就会耗竭，接下去只能指望核能了。如果人类及时掌握了聚变核能，也许还有些希望。不过，现有研究表明，一个很不幸的事实是：尽管氢在宇宙中是最丰富的元素，但它在地球上却偏偏占比非常小。

所以，人类更合理的逃亡方案，其实正是小说原著中被否定的"飞船派"的主张：建造若干巨型星际战舰，人类组成流浪舰队。这样环境建设和能源使用都能更为科学，支撑时间可以更长。万一路上有机会掠夺别的星球的战略物资（比如氢）时，也更有战斗力。

（原载《新发现》杂志 2020 年第 8 期）

里夫金的新世界观解决不了老问题

借熵说事的诱惑

热力学第二定律出现于19世纪,和其他科学定律相比,热力学第二定律有着较多的表述形式。常见的几种表述如下:

热量可以自动从较热物体传递到较冷物体,但不可能自动相反传递。

不可能从单一热源吸取热量并将热量转变为功而不产生其他影响。

第二类永动机不可能造成。

任何孤立系统的熵只能增加或保持不变。

任何物理过程中各个参与者的总熵必定增加或保持不变。

这些不同的表述,其实都强调了热力学第二定律的不同侧面,比如第三种表述强调了能量的每一次转换都不可能有100%的效率。后面两种表述中出现了"熵"(entropy),所以热力学第二定律有时又被称为"熵增加定律"。用大白话来说，熵就是系统能量从可利用向不可利用、从有用向无用、从集中向分散、从有序向无序转化的程度。

一个物理定律，却没有数学公式，只有文字表述，还有多种表述形式，而且其中熵的概念又极富哲学色彩，这很容易让物理学界之外的人士感觉它比较容易掌握，比较容易"染指"，至少界面比较亲切，从而萌生某种"借熵说事"的冲动，里夫金（Jeremy Rifkin）就是这些人士中的一位。

其实最初提出熵概念的物理学家克劳修斯（Rudolf J. E. Clausius），早已经将"借熵说事"发挥到了极致——他尝试将熵的概念应用到全宇宙。

按照"宇宙"的通常定义，我们完全有理由将宇宙视为一个孤立系统，而这个系统中的熵毫无疑问一直是在增大的。我们当然可以忽略迄今为止地球人类工业活动对宇宙总熵的增量贡献（因为在宇宙尺度上过于微小），但无数恒星每时每刻都在进行着剧烈的热核反应，向外辐射着极为巨大的能量，这完全符合"从集中向分散、从有序向无序"的能量转换情形，因此全宇宙的总熵必定不断增大。

克劳修斯的想法是，照这样下去，在遥远的未来，宇宙终将达到最大的无序状态，宇宙总熵将达到极大值，这时就会出现"宇宙热寂"（heat death of the universe）。当然，这只是物理定律的哲学推论，永远不可能得到证实或证伪。

但对里夫金来说,宇宙热寂仿佛一盏悬挂在远处的信号灯,在昏暗中伴随着他的旅程。

里夫金是畅销书作者,有时又被称为"趋势学家",他有一个身份是"经济趋势基金会"创始人和主席。他曾长期担任欧盟顾问,还给法国前总统萨科齐、德国前总理默克尔等多位欧洲国家领导人当过顾问,也在沃顿商学院讲课,还给欧美许多报纸写专栏文章。

里夫金的《熵:一种新的世界观》(*Entropy: A New World View*)初版于 1980 年,是物理学界之外的人士借熵说事的典型作品。这是一本 40 年前的畅销书,之所以今天还值得重温,是因为书中的基本观点尚不过时。有些具体想法,虽然作者表达得并不理想,有时甚至还不完全正确,但仍富有启发性,因而不乏可取之处。

此书最有意义的地方,就是引入了熵的概念和视域,来观察和分析当时美国社会的种种问题。里夫金的这些观察和分析,有些和主张环保的"未来学家"(几乎就是趋势学家)大体一致,但他关于环保和新能源的分析,因为引入了熵视域而颇富启发性。

环保是环保的吗?

首先有一点需要搞清楚:当我们尝试用热力学第二定律来

思考身边的事物时，肯定会发现许多系统有减熵现象。比如，夏天在房间里开了空调，使房间温度降了下来，这就出现了减熵现象，但这并不违背热力学第二定律，因为这时房间不是孤立系统，外界向它输入了能量（运行空调的电）。又如，每个生命体活着的时候都在成功地抵制着熵的增大，生命体的成长更呈现出系统减熵现象，但这同样不违背热力学第二定律，因为生命体活着的时候一直在从外部摄入能量。

但是，如果我们将空调房间或生命体连同外部世界（比如整个地球）总体视为一个孤立系统，根据热力学第二定律，这个系统的总熵必然会因为发电或生产粮食而增加（空调房间或生命体的减熵之值，必小于发电或生产粮食所导致的熵增之值）。事实上，人类在地球上的活动越大、越剧烈，地球这个系统的熵就增加得越快。用这个视角来看待环保，就会发现一些令人惊奇的推论。

让我们来考虑一个例子：假定有一家工厂产生了污染，我们会面临四个选项：1. 听任污染不加治理；2. 以邻为壑将工厂迁往别处或国外；3. 治理污染；4. 关掉工厂。

在现实生活中，因环保呼声日益高涨，法律监管日益完善，选项1越来越难以实行。选项2则是许多发达国家在"治理"污染时所采用的，但对于地球这个系统来说，选项2的效果其实和选项1完全一样（还未考虑搬迁工厂必然会带来的某些附加污染）。

人们一定会认为选项3是最好、最合理的，但是如果采用了熵的视域，就会发现选项3很可能比选项1更坏。因为对于工厂这个系统来说，产生污染当然是"自然"的熵增过程，而治理污染则是要实施减熵，这就必然需要从外部输入更多能量，由此使得地球这个总系统出现更多的熵增。

换句话说，对选项3的"熵分析"表明，在很多情况下，环保其实是不环保的。里夫金遮遮掩掩得出了这个结论，他当然不敢冒天下之大不韪公然反对环保。而从避免熵增的角度来看，只有选项4才是可取的——关掉工厂。但它实际上象征着人类为了减少地球的熵增而压抑自己的物欲的选择。

但是在现实生活中，大部分情况下，人们还是会选择选项2或3，理由如下（里夫金没有提到这些理由）：

因为在今天，每个人都不可避免地是某一国的公民，而不是世界公民，任何人都很难站在世界公民的立场来做选择，所以以邻为壑的选项，在当前很多情况下，还是各国政府和公众都必然接受的选项。

而选项3的合理性在于：我们既要繁荣发展，也要绿水青山，人类毕竟不是为了熵而活着的，"以人为本"就不能将地球的熵看得比人类本身还重要。因此对污染的治理，还是应该理直气壮地进行。至于地球总熵的增大，可以通过从外部获取能量来抵制和逆转。

熵视域下的新能源

要从地球外部获取能量，就直接引导到对各种新能源的"熵分析"了，这同样会给我们带来新的认识。

新能源中通常包括核能、水电、地热或潮汐发电、风电、太阳能、生物转化能量等。如果采用"熵分析"，那么所有使用地球自身资源的新能源，都是在增大地球这个系统的熵。所以，核能、水电、地热或潮汐发电等，在熵视域下，都是不可取的。从理论上说，考虑到地球系统的熵增，这些新能源的供给归根结底也是有限的。

核能——不管是现行的裂变核能，还是一直在实验中的聚变核能——在新能源中的地位本来就有点勉强，在熵视域下又增加了负分，但是在现阶段，大部分国家也只能抱着"与魔鬼同行"的心态姑且接受核电。

真正的出路，看来只有太阳能（风电和生物转化本质上还是利用太阳能）。因为对于地球这个系统来说，利用太阳能是从外部获取能量，以此来帮助地球抵制熵增乃至逆行减熵。不过，在熵的视域中，地球人类利用太阳能在现阶段仍有不少不确定因素，主要的约束都来自目前的技术手段。

目前要利用太阳能就离不开光伏设备，但生产光伏设备不仅要使用地球上的材料，还会造成环境污染，这两方面都会明显导致地球系统的熵增。也就是说，我们想要利用太阳能来帮助地球减熵，却需要先承受制造光伏设备带来的熵增。两相抵消，太阳能带来的利益就会被削减，甚至得不偿失。

另一个相当刚性的约束，是需要巨大的面积来采集尽可能多的阳光，而对于每个国家来说，国土面积终归是有限的。不过，从长远来展望，这个约束还是有可能打破的，比如利用海洋或天空来拓展采集阳光的面积。

目前人类利用太阳能的想象极致，是里夫金在书中没有提到的戴森球——利用木星上的资源，建造将地球轨道包容在内在光伏环带，收集太阳能。戴森球突破了上述两项约束，在熵视域下极为优越，可惜在技术上还是太过遥远。

熵视域下的未来世界

里夫金在《熵：一种新的世界观》中观察了美国社会当时呈现的各种弊病，他分析了六大领域：农业、运输、城市、军事、教育、医疗。40年过去，回头看看，美国这些领域中的弊病，不仅一个也没见治愈，反而愈演愈烈。

作为趋势学家（未来学家），里夫金当然要在书里为弊病丛生的美国社会开药方、指方向、展望未来。他的思想大体可以归纳如下：

由于美国人（现代人）普遍有一种"无限发展"的信念，在许多人眼中，各种资源（能源、材料、容纳污染的能力等）

是取之不尽用之不竭的，所以美国人极度浪费（书中提供了许多当时的数据），这就极大地同时又是毫无必要地增加着地球系统的熵，使地球以极快的速度奔向末日（能源枯竭、污染失控……）。在里夫金看来，无限发展当然是不可能的，而地球末日的到来，则有可能比人们想象的快得多。

里夫金开出的药方，则是诉诸宗教情怀，希望人类能够约束自己的欲望，降低自己的物欲，用尽可能"绿色"的生活推迟地球末日的到来。他承认，由于美国人在全球享有的特权和极大的浪费，美国人应该率先降低物欲。在该书的最后几章，里夫金苦口婆心地劝美国人开始过"绿色"生活，还温情脉脉地展望了在熵视域下的未来乌托邦社会。

从该书问世到今天，40年时间不算短了，我们看看今天的美国和世界，虽然里夫金预言的某些恶果尚未完全呈现，但他展望的那个乌托邦社会，肯定离美国越来越远了。如果在地球上还想见到那样的美好社会，看来只有指望中国了。

《熵：一种新的世界观》，〔美〕杰里米·里夫金等著，吕明等译，上海译文出版社，1987年，定价：2.05元。

以世界公民的眼光看未来
——读《未来：改变全球的六大驱动力》

说老实话，早先我对阿尔·戈尔（Al Gore）的印象并不很好。在他主持的纪录片《难以忽视的真相》（*An Inconvenient Truth*，2006）中有这样一个情节：大屏幕上显示着一千年来地球的碳排放曲线，戈尔为了强调该曲线右端近年的剧烈上升，站上了一架折叠升降机，一边嘴里嘀咕着"希望我不会摔死"，一边上升到了接近天花板处。这一行为艺术当然是为了加深观众印象，但在我看来，如此搞笑对戈尔的形象并无正面作用。戈尔所力挺的这条曲线，正是"全球变暖"争议中著名的"曲棍球杆曲线"的等价物。后来我又读到一些材料，表明"曲棍球杆曲线"实有学术造假的成分在内。当然，在"全球变暖"问题上，戈尔的用心还是好的。

不过，戈尔集多种身份于一身，确实也是个人物。他是美国前副总统，又是世界环境保护运动的大力推动者——由此还成了诺贝尔和平奖获得者；他主持的纪录片《难以忽视的真相》获得第79届奥斯卡金像奖;与此同时,他还可以算是一个相当成功的商人。

一个集上述多种身份于一身的人,通常有着丰富的社会资源和人脉关系。在这些有利条件的基础上,如果又能勤于思考,著述不辍,则发为文章,必有可观。戈尔的新作《未来:改变全球的六大驱动力》(*The Future: Six Drivers of Global Change*,2013)正是一部这样的作品。前不久适有深圳之行,我就顺手将出版社刚刚送来的这本书带在路上,不料很快被它吸引,在回程航班起飞之前,居然已将它从头到尾读完了。我不得不承认,此书让我对戈尔的看法颇有改观。

《未来》中译本厚达650余页,凡56万余字。在阅读日益碎片化的今天,此书对于许多人来说已经堪称皇皇巨著。

所谓"六大驱动",按照戈尔书中论述的顺序是:一、全球化经济;二、互联网;三、国际上多极政治力量的出现(美国将失去一家独大的霸权);四、不可持续的现代化文明;五、生物和基因技术;六、正在日益恶化的地球气候环境。

上述六大驱动力,虽然从表面分类看似乎有些混杂——经济、政治、技术、环境等拼成一盘,其实也有其言之成理的思考路径,是三条平行的思路:

1. 全球化经济可视为后面几大驱动力发生作用的前提,它实际上使得全球只剩下一个文明模式,而这个工业文明的模式，在地球现有资源条件的刚性约束下，实际上是不可持续的（一、四、六）。

2. 与此同时，互联网与生物和基因技术又极大地冲击着现有的文明模式（二、五）。

3. 美国的衰落和中国等国家的崛起（三）。

戈尔延续了他对全球资源和环境问题的高度关注。《未来》并不是一本只为美国的未来提出应对之策的书，而是着眼于全球未来。就总体而言，戈尔对未来并不乐观。他不仅意识到现有的"现代化"全球文明模式已经难以为继，也意识到美国从"二战"后建立起来的世界霸权逐渐衰落已经难以避免。

不过，戈尔似乎能够以某种"世界公民"的心态来平静面对这样的未来。事实上，他在书中并未表现出对美国的特别偏爱，相反还展示了相当尖锐的批评态度。《未来》中这方面的一些亮点，往往与当下的热点问题有密切关系，值得特别表出。

戈尔在斯诺登之前已经揭露了美国政府的非法监控

这是《未来》中一个非常引人注目的例子。最近斯诺登所揭露的美国"棱镜门"之类对公民的非法监控，其实戈尔在《未来》第二章中早已有过充分的揭露。戈尔地位高，名头大，又集多种身份于一身，掌握的信息比一般公众多得多。如果说斯诺登爆出的"猛料"提供了某些具体的例证和细节，那么戈尔不仅从宏观上对美国情报机构的侵权监控进行了揭露和批评，在具体指证上也与斯诺登各有千秋，颇具异曲同工之妙。

戈尔批评说："很多人全然不考虑这样一种前景，即美国政府可能逐渐发展成一个监控之国，而这个国家所拥有的权力将会威胁到公民的自由。"（上海译文出版社，2013，111页）他举出了若干骇人听闻的例证。

例如他指出，所谓的"网络安全威胁"和"反恐"，"被用作新的正当理由来建立一个世界上迄今所知最具侵入性和最强大的数据收集系统"，这个系统于2011年1月在犹他州奠基，预定2013年底投入使用。它有能力"监控所有美国居民发出或收到的电话、电子邮件、短信、谷歌搜索或其他电子通讯（无论加密与否），所有这些通讯将会被永久储存用于数据挖掘"（115页）。

其实戈尔所揭露的上述系统，美国小说作家丹·布朗（Dan Brown）早在10年前的小说《数字城堡》（*Digital Fortress*）中已经详细描述过了。小说中，美国的一个情报机构"国家安全局"为了防止恐怖活动，建造了一个可以窥探全世界一切电子邮件的"万能解密机"，此举遭到一些人——包括该机构原先的成员——的极力反对，最终"万能解密机"被摧毁。写小说虽然难免虚构，但丹·布朗总要有一些来自生活的素材吧？

从戈尔《未来》中所揭露的情况看，美国对公众的监控历时已久，政出多门，有多种多样的项目和途径。例如戈尔说，"据一位前国家安全局官员估算,自'9·11'事件起,国家安全局已经窃听了'十五到二十万亿次'的通讯"(112页)。

在斯诺登揭露"棱镜门"之后,奥巴马总统和美国政府官员纷纷出来为美国情报机构进行徒劳的辩护。在他们的辩护中,"授权"是一个经常出现的措辞——仿佛有了"授权",这种监控行径就变得合法了,正义了。对此我们可以看看戈尔在《未来》中是怎么说的。戈尔指出:"《互联网情报分享与保护法案》就是一个准许政府在有理由怀疑网络犯罪时窃听任何在线通讯的美国法律提案,……但是在该法律广义条款下可被视为有嫌疑的互联网通讯量如此巨大,以至于该提案实际上免除了政府部门遵守其他各种意欲保护互联网用户隐私的法律的义务。"(115页)也就是说,有了该提案,"其他各种意欲保护互联网用户隐私的法律"实际上就会统统失效。戈尔对此持强烈的批判态度,他甚至引用了幻想小说《一九八四》来说事:"连乔治·奥威尔都可能会拒绝此类例子出现在他对一个警察国家权力的描述中,以免读者认为不可信。"(113页)

既然戈尔已经在斯诺登之前就立场鲜明地揭露和批判了美国政府对公众的非法监控,那么一个非常有意思的问题就是:戈尔会对斯诺登持什么态度?最近《南方周末》记者采访戈尔,就直接问了他这个问题,问他如何评价"棱镜门"。戈尔是这样回答的:

> 我觉得对这件事情历史会给出一个更好的评价，而不是我们现在所作的评论。毫无疑问的是，充分的证据证明，斯诺登的行为违反了美国法律，……但他揭露的事件是很让人感兴趣的。对于他的所作所为，我们得等待历史的评判。(《南方周末》2013 年 7 月 25 日)

这个回答和戈尔在《未来》一书中的有关立场是完全相容的。

戈尔对转基因食品的态度和对孟山都公司的批评

在《未来》第五章中，专门有"转基因食品"一节。戈尔在这一节中报道了转基因技术研发和应用的一些新进展，包括中国科学家在这方面的一些商业化活动，同时也报道了反对转基因技术人士所持的相关理由。

例如，对于转基因技术对作物产量的影响及可能的危害，戈尔表示：

> 随着有关转基因生物的辩论进一步深入，反对者指出：这些基因工程至今还未能使任何作物的内在产量增加，而且他们提出的对某些生态系统的担忧也不无道理。反对者认为，将外来基因注入基因组事实上同选择性繁殖

有所不同，因为它干扰了生物遗传密码的正常秩序，可能导致无法预测的突变。(301页)

他既然承认这些反对者的担忧"不无道理"，他本人的立场倾向就显而易见了。

在转基因争议中，转基因食品是否有害只是问题的一个方面，另一个重要方面，是孟山都之类的美国公司对种子基因的垄断。即使转基因食品吃了无害——这一点现在尚未得到任何有效证明——这种垄断仍然使得种植转基因作物的农民深受其害。而孟山都公司这样的超级大鳄则坐享无尽之利，损不足以奉有余，使这个世界更加两极分化，更加不公平。

对此，戈尔报道了印度农民的抱怨："印度农民开始抗议他们每年必须购买的转基因种子价格过于昂贵，而且他们必须使用更大剂量的除草剂，因为更多草产生了耐药性，这也增加了成本。"他还报道了印度议会一个小组2012年发布的一个"颇具争议"的报告，该报告认为"苏云金芽孢杆菌棉花和印度农民自杀之间存在着联系"，并建议从此取消任何形式的转基因作物实验。(303—304页)

戈尔在《未来》中进行的这些报道，虽然只是貌似中立地反映了各方面反对转基因作物的意见，但值得注意的是，他并未同时报道支持转基因作物的意见，而只是报道了转基因作物研究和应用的进展情况。他在报道中对两方意见的取舍，恐怕不是没有深意的。

我们还可以注意到,在《未来》一书中,戈尔对极力在世界上推广转基因作物的美国孟山都公司的态度。戈尔揭示:"生物科技公司孟山都如今控制着世界上绝大多数种子的专利。"他还引用美国种子专家尼尔·哈尔的估计,认为孟山都公司"已经控制了90%的种子基因"。对于这种高度垄断的状况,戈尔表达了批判的态度:"正如权力失衡导致了收入差距一样,这种失衡的权力也体现在人类无法平等地获取和利用从生命科学革命中产生的各类重要突破。"(247—248页)戈尔的措辞虽然比较委婉(考虑到孟山都毕竟是美国人的公司),但显然指出了问题的实质——无论转基因作物有害与否,孟山都公司都在坐享垄断之利。

戈尔还特别讲了一个"同基因和组织专利竞争形成鲜明对比的"故事:有人采访小儿麻痹症疫苗的发明者乔纳斯·索尔克时,问他谁拥有这种疫苗的专利,索尔克回答:"我想是美国人民。"并且反问:"你能为太阳申请专利吗?"戈尔在此处讲这个故事的用意是显而易见的——他反对孟山都公司的垄断。

戈尔对待核电的态度

戈尔一贯积极主张发展新能源,而在许多人心目中,新能源当然包括核电。但实际上核电在新能源中居于一个非常奇怪的地位，有时它被排除在诸新能源（太阳能、风能、地热等）之外，有时被包括在内，却又被限定为聚变核能——那是实验研究了数十年至今还远远无法实际应用的方式。

在《未来》一书中，对于如今备受争议的核电，戈尔着墨不多，不过他明确表示："最近几十年来，核反应堆的成本由于各种原因一直在大幅稳步上升。在发生日本福岛核电站悲剧之后，核能源的前景进一步暗淡下来。"他还指出，虽然世界上仍有不少核电站正在建设中，"但是以低碳能源选择评估标准来看，核能源的成本和潜在安全隐患都是显著的负面因素"（397—398页）。

这里戈尔措辞谨慎，如欲进一步了解戈尔在核电问题上的态度，就要看他近年的另一本著作《我们的选择——气候危机的解决方案》（*Our Choice, A Plan to Solve the Climate Crisis*, 2009），此书也已经有了中译本。在《我们的选择》第八章"核能"中，戈尔开宗明义告诉读者：

> 2003年麻省理工学院对未来核能的利用进行了广泛的研究，研究结论是："核能可以是一种减少碳排放的选择，但是目前来看，核能实现不了这个目标，核能的利用处于停滞和倒退状态。"（《我们的选择》，116页）

戈尔在这一章中已经谈到了核电目前的两个致命问题：一

是核电设施本身的安全难以保障（注意该书作于日本福岛核电灾难之前），二是核电运行中产生的核废料无法长期安全存放。这两个问题也正是人们反对核电最主要的原因。

我们经常被告知，核电是"高效、经济"的，但戈尔在《未来》中说"核反应堆的成本由于各种原因一直在大幅稳步上升"，这是一个公众不太熟悉的说法。而在《我们的选择》中，戈尔提供了进一步的信息。他说，目前很难在美国或欧洲找到一家著名的工程公司愿意为核电厂的建设成本做出估算。他认为这种现象是"令人难以置信的"。

戈尔还引用世界核能组织战略与研究部门主任史蒂夫·基德在《国际核能工程》中的说法："要对当前的核电厂建设成本作一个精确的估计是完全不可能的事情。"（《我们的选择》，118—119页）为什么核电厂的建设成本难以估算呢？其实不难理解——在核电的上述两个致命难题目前尚无法解决的情况下，核电厂的潜在风险最终都将由社会及政府来承担，其建设成本当然就无法精确估算了。

戈尔眼中的"过度发展"

《未来》一书的第四章，标题为"过度发展"。这一章中特别引起我注意的，是戈尔对"过度发展"有关理念的历史追溯。

戈尔将"始作俑者"追溯到20世纪初的"公共关系之父"

爱德华·伯奈斯（此人是西格蒙德·弗洛伊德的外甥）。在戈尔看来，所谓"公共关系"，其实只是伯奈斯为了避免使用"宣传"一词而杜撰出来的。"宣传"一词在我们多年的语境中已经成为一个偏向正面、至少也是中性的词语，而在西方则有比较强的贬义。伯奈斯强调，要通过媒体的宣传，在不知不觉中操控公众的公共意识。

那么，伯奈斯要将公众的意识导向何处呢？——导向欲望。伯奈斯的拍档保罗·梅热对此说得十分直白："我们必须将美国的这种需求文化转变为欲望文化，……必须培养人们拥有欲望，想要新东西，甚至在旧东西全部消耗之前。我们必须在美国塑造全新的心态，人的欲望必须盖过他的需求。"

本来这也许只是商业营销中的"理念"，但是这种理念的作用很快就远远越出了商业的范围。由于被唤起的"欲望"可以使"需求"永远无法满足——"一个需求得到满足，就会让位于另一个需求"，而这种永无止境的"需求"被视为社会活力的来源，设法不断满足人们的"需求"，甚至创造出人们的"需求"，则被视为社会"进步"和"发展"的表征。戈尔正确地归纳出一个重要现象："在二十世纪资本主义和共产主义在长期斗争中，无限的发展毫无疑问是两种意识形态都认同的假设。"

正是这种"可以无限发展""必须无限发展"的假设，导致了现代化文明发展模式的不可持续性。在这一章的大部分篇幅中，戈尔从他长期关注的地球环境、资源、污染（容纳和净化污染的能力其实也是资源的重要组成部分)等方面入手,强调全球现有的发展模式是难以为继的。这些都是他在《难以忽视的真相》一书及同名纪录片中已经强调过的。对于稍微关注过当代环境保护运动的人来说,这些论点通常也是耳熟能详的。

戈尔对目前这种全球化的现代化文明前景无法表现出乐观的心态。他在《未来》全书结尾处说,摆在我们面前有两条路:一条通向未来,另一条则是"我们赖以为生的气候平衡被破坏,无可替代的资源被耗尽,独一无二的人类价值被践踏,我们熟悉的人类文明可能走向尽头"(418页)。

就总体而言,《未来》一书资料丰富(参考书目和索引多达200余页),立场正大,持论平和。上面所举之例,观点本身或许不算新颖,但戈尔身为美国前副总统,而能持论如此,不从美国一国的利益出发,而是以某种"世界公民"的立场,表达出对未来社会的忧虑,以及可能的挽救之道,就相当难能可贵了。此书确实值得有关政府官员、商界人士、专家学者拨冗一读。不仅如此,所有对人类未来发展有所关注的人,都可以从阅读此书中获得教益。

《未来:改变全球的六大驱动力》,〔美〕阿尔·戈尔著,冯洁音等译,上海译文出版社,2013年,定价:68元。

《我们的选择——气候危机的解决方案》,〔美〕阿尔·戈尔著,邵志军译,湖南科学技术出版社,2011年,定价:58元。

《难以忽视的真相》,〔美〕阿尔·戈尔著,环保志愿者译,湖南科学技术出版社,2010年,定价:50元。

(原载《东方早报》2013年8月18日)

谁能只手评优劣，李杜曾经不入流
——《唐人选唐诗十种》之业余统计学

1978 年，上海古籍出版社重印了《唐人选唐诗十种》(初版于 1958 年)，小 32 开平装本，上下两册，共 2.35 元——这在当时就算比较贵的书了。曾经有一段时间，这是我相当喜欢把玩的闲书之一。

所谓十种，其中有两种稍特殊些，即被列为第一种的《唐写本唐人选唐诗》，原是敦煌卷子中的残卷，已不完整；和被列为第十种的《搜玉小集》，唐文学专家认为传世的版本也已不完整，可能只是原先的一小部分。而且这两种选集的编者和编成年代都未留下明确信息，今人只能根据集中所收作品的作者，来约略推断其编成年代。

关于《唐人选唐诗十种》在唐代诗歌文学研究上的价值，专家们早已有过许多论述。其中比较有趣的一个方面，是注意到诗人名望地位的变迁。

这原是很容易发现的现象——有些在现代人撰写的文学

史上仅算二三流甚至不被提到的诗人，在唐代选本中却有大量作品入选；而有些如今被认为是第一流的诗人（比如李白和杜甫），在多种唐代选本中甚至一首作品也未入选。当然，要由此来推论诗人文学地位的变迁，需要有一个简单化的假设：入选作品越多，地位就越高。这个假设其实肯定会有例外，但是在一般情况下，我们确实也不妨使用它。

以我业余闲览之所见，有些从《唐人选唐诗十种》来讨论诗人名望地位变迁之作，其推论之法似乎尚未尽善。要是按照所谓"理科方式"来处理，我尝试如下操作：

第一步：确定人选。李白和杜甫是当然人选。这是因为李、杜现今名望甚大，被公认为"第一流诗人"，堪为代表或象征；他们的年代（701—762年、712—770年）又使他们可以成为《唐人选唐诗十种》中大部分选本的正常选项——如果年代晚了，那些选本编选时诗人尚未成名或出生（比如772—846年的白居易），就无法成为正常选项。

第二步：从《唐人选唐诗十种》中统计李白、杜甫诗的入选情形。为此先将这十种唐代选本的年代——包括设法推断的——依次开列如下：

《国秀集》：天宝三年（744年）

《河岳英灵集》：天宝十二年（753年）

《唐写本唐人选唐诗》：不晚于天宝末年（755年）

《搜玉小集》：不晚于天宝末年（755年）

《箧中集》：乾元三年（760年）

《中兴间气集》：大历十四年（779年）

《御览诗》：元和元年—十二年（806—817年）

《极玄集》：约唐文宗时（827—840年）

《又玄集》：光化三年（900年）

《才调集》：后蜀时（934—965年）

上列十种选本中，《唐写本唐人选唐诗》和《搜玉小集》不宜使用，因为现有选本已属残缺，即使知道李白诗入选多少（比如《唐写本唐人选唐诗》入选李白诗34首），由于总入选数量不得而知，就无法判断李白诗在其中的比例。其余八种则各项条件都符合要求，可以使用。

第三步：选择后来的唐诗选本，统计李白、杜甫诗的入选情形。最简单的就是选择清代的《唐诗别裁集》（1763年重订）和《唐诗三百首》（1763年编成）。

统计结果归纳为下表：

集名	李白诗数	杜甫诗数	收诗总数	李白占比（%）	杜甫占比（%）
《国秀集》	0	0	220	0	0
《河岳英灵集》	13	0	229	5.7	0
《箧中集》	0	0	24	0	0
《中兴间气集》	0	0	134	0	0
《御览诗》	0	0	286	0	0

（续表）

集名	李白诗数	杜甫诗数	收诗总数	李白占比（%）	杜甫占比（%）
《极玄集》	0	0	96	0	0
《又玄集》	4	7	297	1.3	2.4
《才调集》	28	0	1000	2.8	0
《唐诗别裁集》	140	205	1928	7.3	10.6
《唐诗三百首》	26	33	317	8.2	10.4

从上表看，李白、杜甫地位的变化一目了然：在公元900年之前的6种选本中，杜甫竟全未入选，李白也有5种不得入选。在他们身后过了一个多世纪，到晚唐的选本中，李、杜才开始有了一席之地。而到了清代，他们就已经稳居"第一流诗人"的地位了。杜甫的地位变化更为显著。

至于李白、杜甫在诗歌文学上的地位，生前为何如此之低，后来又为何逐渐上升直至成为"第一流诗人"，那就要写学术论文去研讨了——早已经有许多人讨论过，我这篇小文就不承担这种任务了。

在本文剩下的篇幅中，能够做得比较有趣的事情，是从《唐人选唐诗十种》中看看，当年那些入选作品多多、地位高名望大，而在今天的文学史中已经沦为二三流甚至不被提到的诗人，他们当年入选的"热门作品"或"流行作品"，是如何光景。

比如《御览诗》，原是唐宪宗下令编选的"当代名家诗选"，其中入选最多的两人是卢纶（32首）和李益（36首）。入选此集，看来在当时还是相当荣耀的事情，卢纶的墓碑上特别提到了此事，而且强调了"奏御者居十之一"——在入选的诗中，他的作品占了十分之一（在现今的文本中，事实上还超过了一点，达11.2%）。

到了清代的《唐诗别裁集》和《唐诗三百首》中，卢纶分别入选15首（百分之一都不到了）和6首，李益分别入选18首和3首。而在今天的文学史上，这两人都已经沦为二三流诗人，有些文学史中连卢纶的名字也找不到了。

从《御览诗》中两人入选的诗来看，卢纶更用世，李益更伤感。比如卢纶的《皇帝感词》四首之三：

妙算干戈止，神谋宇宙清。两阶文物盛，七德武功成。校猎长杨赋，屯军细柳营。归来献明主，歌舞满春城。

一派颂圣之辞，今天看来确实乏善可陈。宪宗为中兴之主，后人评价唐代历朝皇帝，宪宗得与太宗、玄宗并列，相传他儿时有"我是第三天子"之语，很像预言。当时宪宗受用了许多歌功颂德，卢纶只是这些颂歌合唱中的一员而已。当然，他也有更具文学性的作品，比如《长安春望》：

东风吹雨过青山，却望千门草色闲。家在梦中何日到，春来江上几人还。川原缭绕浮云外，宫阙参差落照间。谁念为儒逢世难，独将衰鬓客秦关。

也不外文人的老生常谈。前面一首极力颂圣，将现实粉饰得仿佛尧天舜日，这一首却又说"逢世难"，自伤怀抱起来。不知"奏御"之后，宪宗看了会不会微有不悦。

李益看来是个风流倜傥之人，从他入选《御览诗》中的作品看，他似乎相当自恋，经常揽镜自照，"生涯在镜中""莫遣行人照容鬓，恐惊憔悴入新年"。下面这两首是他比较优美的作品：

　　湘江斑竹枝，锦翅鹧鸪飞。处处湘云合，郎从何处归？（鹧鸪词）
　　柳花吹入正行舟，卧引菱花信碧流。闻道风光满扬子，天晴共上望乡楼。（舟行）

在船上躺着，还不忘记照镜子。虽然在这类作品的默认语境中，这个"卧引菱花"的人通常是一个美女，但从下文"天晴共上望乡楼"来看，更像是李益的夫子自道。

替皇帝选诗"恭呈御览"，照理应该是比较严肃的事情，入选的那些诗大部分应该是当时公认的佳作。但现在看来，《御览诗》中的入选作品颇多平庸之作——上面录出的四首，已经是我

尽力挑选的优美之作,也不过尔尔。对此现象可以有两种解释:

第一种,认为这个选本就是失败的,选编者或是因为水平不高,或是出于私人好恶,将许多平庸之作选入其中。这种解释听起来比较简单,但真要让它成立,是需要许多证据的。

第二种,是认识到对于诗歌这样的文学作品,优劣的评价不仅因时代而异,而且因人而异,原本就是没有客观标准的。我们不妨假定《御览诗》选编者的工作态度是认真的,入选的这些作品在当时是公认的佳作,只是过了1300年之后,今人对这些作品的评价标准已经变了。我相信这种解释更为合理。

《唐人选唐诗十种》(上下册),上海古籍出版社,1978年,定价:2.35元。

(原载《博览群书》2010年第12期)

怎样论证"孤篇岂能压全唐"?

2020年6月17日《中华读书报》刊载刘火的长文《孤篇岂能压全唐》,意在否定王闿运、闻一多对唐代张若虚长诗《春江花月夜》"孤篇压全唐"的推崇,但不幸的是,刘文的论证完全无法成立。我无意来论证《春江花月夜》可以"孤篇压全唐",只是想借此个案,指出在论证问题时,遵循常识、常理和逻辑的必要性。

刘文凡7300余字,其中足足用了6000字来表明一点:从唐代到清代,从来没有人提出过《春江花月夜》可以"孤篇压全唐"。而在剩下的1000多字中,也并没有关于《春江花月夜》为何不能"孤篇压全唐"的任何论证。

也就是说,作者否定王闿运、闻一多《春江花月夜》可以"孤篇压全唐"的唯一理由,虽然花费了6000字的篇幅,但归结起来就是一句话:以前从来没人这样说过。

论证"孤篇岂能压全唐"的常识和常理

有人提出了一个新的论断,你不赞成这个论断,当然可以反驳,但有效的反驳必须以有效的理由来支持。而常识和常理告诉我们,"以前从来没人这样说过"显然不是一个有效的理由。如果这样的理由能够成立,人们将不可能接受任何新的见解。

具体到反驳《春江花月夜》可以"孤篇压全唐"的问题上来,指出"以前从来没人这样说过"——不管花费了多大篇幅来指出这一点——同样不是一个有效的理由。如果这样的理由能够成立,就意味着我们不允许对前人的文学作品做出任何新的评价。

比如杜甫的诗,从公元744年开始出现的六种传世的唐人唐诗选集中,从来没有入选过——考虑到杜甫的生卒年(公元712—770年),他是这六种选集的合适人选。那么,当公元900年出现的第七种传世唐诗选集《又玄集》中第一次选入杜甫诗的时候,人们难道会以"以前从来没人选过杜诗"为理由拒绝吗?当然不会,杜诗此后越来越多地出现在各种选集中,直到在清代的《唐诗别裁集》和《唐诗三百首》中占有超过10%的比例。

怎样才是有效的理由呢?从表面上看,要驳倒《春江花月夜》可以"孤篇压全唐"相当容易:只需在5万多首唐诗中举出一首来，并成功论证这一首优于或不逊于《春江花月夜》，反驳"孤篇压全唐"之说即告成功。

比如刘希夷的《代白头吟》，也是七言歌行，刘文说此诗某些意境和《春江花月夜》"何其相似"，倘若刘文能够摆开阵仗，正面论证刘希夷《代白头吟》可以与张若虚《春江花月夜》并驾齐驱，则反驳"孤篇压全唐"即告成功，我也就无从置喙了。

然而刘文并未这样做，当然不这样做是明智的，因为如果将《代白头吟》和《春江花月夜》放在一起比较，高下立见，谁都能看出《春江花月夜》胜出不止一筹。

评价唐诗有没有合理标准？

这就直接引导到评价唐诗——让我们先别扩大到一切诗歌——高下的标准了。

对于唐诗，"纯粹的客观标准"当然是不可能有的，唐诗不是物理学或天文学——如今连这样的领域也已经被"黑洞"和"引力波"之类的玩意儿搞得离"纯粹的客观标准"越来越远了。再说，实际上也从来没有人正式宣示过唐诗评价标准（至少我没有看到过），因为统一的唐诗评价标准当然是不存在的，不同的文学流派、不同的社会人群、不同的时代都会有不同的唐诗评价标准。

那么，是不是所有唐诗都无法区分高下了呢？常识告诉我们，显然不会如此。如果我们将全部唐诗视为一个从佳作逐渐过渡到劣诗的连续谱，那么在一个较小的区域，比如说在佳作区的前部，要比较其中各诗的高下，确实比较困难。比如要比较杜甫《秋兴八首》和《咏怀古迹五首》的高下，几乎是不可能的。但如果让对唐诗稍有造诣的人来比较杜甫的《洗兵马》与敦煌卷子写本中随便某一首比如《长信怨》（真成薄命久寻思，梦见君王怯复疑。火照西宫知夜饮，分明复道奉恩时），那还是高下立判的。前面提到的《代白头吟》和《春江花月夜》区别虽没有这么大，但也还是可以明显分出高下来的。

为什么会这样呢？因为虽然评价唐诗的"纯粹的客观标准"不可能存在，但毕竟还可以存在一些相对合理的标准，比如全篇结构是否得当、格调高低、用典是否贴切灵活、气韵是否生动流畅、音韵是否铿锵上口、遣词造句是否高华绮丽，如此等等。用这些标准来区分《秋兴八首》和《咏怀古迹五首》的高下虽不可能，但用来区分《洗兵马》和《长信怨》，或用来区分《春江花月夜》和《代白头吟》，还是能够愉快胜任的。

如果我们同意在评价唐诗时存在着某些相对合理的标准——当然我们还同意这些标准会随着不同人群和不同时代而变化——那么，想驳倒《春江花月夜》"孤篇压全唐"之说，论证路径应该就很明确了：

先宣示并论证若干条在今天看来相对合理的唐诗评价标

准,然后选择一首或若干首有望胜过或至少与《春江花月夜》并驾齐驱的佳作,再逐条对《春江花月夜》和那些候选诗作进行操作,最后看结果如何。如果找到一首能够胜出《春江花月夜》或与其并驾齐驱,那就成功驳倒了"孤篇压全唐"之说。

但是刘文根本没有意识到这样的论证路径,只是希望以"以前从来没人这样说过"为理由,来否定王闿运、闻一多对《春江花月夜》"孤篇压全唐"的推崇,这当然是无法说服读者的。

《春江花月夜》到底能不能"孤篇压全唐"?

虽然我在本文开头已经声明过,我无意来论证《春江花月夜》可以"孤篇压全唐",但是我知道,即使注意到了我的声明,读者中的许多人还是会在心里嘀咕这个问题,所以我还是决定冒着巨大的理论风险来尝试讨论这个问题。

要论证《春江花月夜》可以"孤篇压全唐",显然要比驳倒这个说法困难太多了。因为从逻辑上来说,这需要将 5 万多首唐诗和《春江花月夜》逐一比较,并证明它们中间没有任何一首可以及得上《春江花月夜》。常识告诉我们,这绝对是 Mission Impossible。

既然如此,那当年王闿运、闻一多提出此说,岂非荒谬之至?他们难道没有意识到这个论断是无法证明的吗?我的判断是：王闿运、闻一多并非荒谬之至。

让我们回到原始文本,先来看看王闿运的说法。王闿运在《论唐诗诸家源流》中说：

> 张若虚《春江》篇,直用《西洲》格调,孤篇横绝,竟为大家(《春江花月夜》,萧、杨父子时作之,然皆短篇写兴,即席口占,至若虚乃扩为长歌,轶不伤纤,局调俱雅。前幅不过以拨换字面生情耳,自"闲潭梦落花"一折,便缥缈悠逸,王维《桃源行》似从此滥觞)。李贺、商隐挹其鲜润,宋词元诗尽其支流,宫体之巨澜也。

这里当然对《春江花月夜》评价甚高,认为它对后世文学家影响巨大,但并未主张《春江花月夜》可以"孤篇压全唐"。

再看闻一多的论述。闻的论述刘文也引用了,为了说明问题我们姑且重温一遍,闻一多在《唐诗杂论》"宫体诗的自赎"中说：

> (《春江花月夜》有了)强烈的宇宙意识,被宇宙意识升华过的纯洁的爱情,又由爱情辐射出来的同情心,这是诗中的诗,顶峰上的顶峰。……至于一百年间梁、陈、隋、唐四代官廷所遗下的那份最黑暗的罪孽,有了《春江花月夜》这样一首宫体诗,不也就洗净了吗?——张若虚的功

绩是无从估计的。

这里闻一多其实也没有明确主张《春江花月夜》可以"孤篇压全唐"。不过闻一多是诗人,他的诗人气质恐怕在这里弥漫得稍微过分了一点:宫体诗固然有香艳甚至淫荡之弊,但为什么就是四代宫廷所遗下的"最黑暗的罪孽"呢?而这种罪孽又凭什么靠一首《春江花月夜》就能被洗净呢?能够升华纯洁爱情的"宇宙意识"又是什么呢?这些宏大的甚至宽泛无边的论断,都需要适当的界定和论证,不是诗性咏叹两句就能成立的。至于"诗中的诗,顶峰上的顶峰"这样的说法,几乎就是在作诗了。

有一点值得注意:王闿运和闻一多不约而同地将《春江花月夜》与宫体诗联系在一起。王说它是"宫体之巨澜",闻更直接说"《春江花月夜》这样一首宫体诗"。其实《春江花月夜》是不是一定要被视为宫体诗,也不是不可以商榷的。

《春江花月夜》原是乐府诗"清商曲辞·吴声歌曲"中的一个题目,和许多乐府诗题一样,后世拟作不绝,张若虚的这首也完全可以视为这种拟作传统中的一部分。对于这一点,王闿运肯定是知道的,他说"萧、杨父子时作之,然皆短篇写兴",我们在《乐府诗集》中就可以看到例证,比如卷四十七中就有隋炀帝作的两首《春江花月夜》,都是乏善可陈的小诗(例如其二:夜露含花气,春潭漾月晖。汉水逢游女,湘川值两妃)。

怎样论证"孤篇岂能压全唐"?

至于宫体诗，如果我们将齐梁萧氏及其宫廷诗人所作的那些华丽纤弱、常带色情意味的作品视为典型，那么《春江花月夜》其实和宫体诗还是有着相当大的距离的。

简短的总结

一、王闿运和闻一多其实只是高度推崇张若虚的《春江花月夜》，并未明确主张这首诗可以"孤篇压全唐"，刘文也并未给出王、闻如此主张的文本依据。

二、"孤篇压全唐"实际上是刘文竖立的一个伪标靶。

三、刘文在这场"伪靶射击"游戏中，因选错了枪弹，打靶失败。

（原载《上海书评》2020 年 7 月 15 日）

辑三 学术性质的书评和影评

《中国历史研究手册》审查报告

英国学者魏根深（Endymion Wilkinson）的《中国历史研究手册》中译本在2016年出版，成为近期中国图书市场一部相当引人注目的著作。这不仅是因为它篇幅甚大，总共290万字，皇皇三巨册，还因为它是中国历史出版物中相当稀见的品种。这样的书，从它问世之日起，就注定会享有比较多的评论和推介。仅以我见闻所及，我此刻正在写的这篇就至少已经是第五篇了。

先声明一下，没有人要求我审查此书，本文的标题带有玩笑性质。

典型的西式品种

这样的"研究手册"，完全是西方的书籍品种，在中国的史学传统中，乃至在中国整个书籍传统中，几乎没有这样的品种。

我们古时有版本目录之学，历代官史中有《艺文志》或《经籍志》，历代藏书甚至贩书之人也会写《书林清话》或《贩书偶记》之类的作品。前者记录一代重要典籍的书名、作者、卷数，并将它们分门别类开列起来；后者作为私家著述，将自己经眼的书籍记录下来，通常除了书名、作者和卷数、版本，还会有提要或简短的评论。而《中国历史研究手册》从结构和内容上说，完全是另一种东西，尽管其中也包括了一部分书目的内容——提供了重要史料和经典著作的信息。

这部《中国历史研究手册》除引言和四种索引之外，正文共14篇，依次为：语言，人民，地理与环境，统治与教育，思想、信仰、文学和艺术，农业与饮食，技术与科学，贸易，历史，先秦，秦—五代，宋—清，20世纪早期，目录学。

看看这14篇的目录就知道，任何中国人编写的历史著作，都不会采用这样的结构。这样的"研究手册"，是为打算研究该主题的西方人士准备的工具书。比如，对于西方某个学术青年来说，如果他有志于成为一个汉学家，或者打算以研究中国历史为自己学术生涯的主旨，那么这样一部《中国历史研究手册》将是非常有用的，他会将它常置案头，勤加翻阅——至少该书作者是这样希望的。该书各册后勒口上的内容简介基本上也是这样承诺的："旨在向读者介绍自史前时代到21世纪中国历史的基本情况。……成为相关学者从事研究的便利出发点。"

这种被称为"手册"的工具书，以前也不是没有引进过，比如《美国中国学手册》（中国社会科学出版社，1981），但那是以书目文献信息为主，而魏根深这部《中国历史研究手册》除了同样有书目文献信息，更多的篇幅是试图向读者介绍中国历史的系统知识。

对全书内容的鸟瞰和抽查

我当然没打算将这篇评论真的写成"审查报告"，但为了正确评价这部皇皇巨著，我不得不尝试从三个方面对它进行考察：

第一，看这种与中国史学著作迥异的结构安排是否合理。这个比较简单，答案是肯定的。因为我们要考虑到，这部工具书主要是为西方读者准备的，而不是为中国历史学家们准备的——中国历史学家当然也可以参考此书，而且肯定也可以从中获益。

即使从中国历代官修史书的传统结构来看，《中国历史研究手册》也不是没有与中国史学传统暗合之处。比如"目录学"篇及"思想、信仰、文学和艺术"篇，就和《艺文志》或《经籍志》有相通之处；"农业与饮食"篇及"贸易"篇，可以对应到《食货志》；"地理与环境"篇则可以对应到《地理志》；至于直接和历史有关的五篇，显然可以对应到历代史书的"本纪"和

"列传"中的内容。虽然这种对应未必有明显的学术意义，甚至作者也未必有这样的意识，但仍能说明《中国历史研究手册》和中国史学传统并不是完全割裂的。

至于当代中国学者的历史论著，都已经或多或少受到了西方学术形式的影响，所以在通史类作品中，往往也会安排一些"科学技术""文学艺术""经济"之类的章节，但普遍不会给它们以《中国历史研究手册》中那样的地位和篇幅比重。

第二，看该书向读者提供的知识和信息是否正确或合理。对于这一点，我当然只能采用抽查之法——抽查某些我相对比较熟悉的领域或项目。这方面情况就比较复杂了。

从整体看，该书各个部分的内容存在着某些繁简失当、不够平衡的现象。

例如，在第七篇"技术与科学"中，第39节为"占星术、天文学和历法"，第40节为"计时"，第41节为"医药"，三者虽然有同等的地位，但是第39节用去了17小节63页的篇幅，第40节用去了12小节17页的篇幅，而第41节却只有5个小节15页的篇幅。考虑到第39和第40节的内容高度相关，这两节共获得29小节80页的篇幅，而呵护了中华民族健康数千年、至今仍在发挥作用的中医中药却只获得5个小节15页的篇幅，这无论如何是不合理的。更何况星占天文历法计时方面虽然获得了80页的篇幅，一些重要的方面却又完全没有被注意到。

又如，在"41.3.2.性"中，作者提供了一些西文文献，中国当代学者的研究成果也提到了一部分，但有一些相当重要的成果没有提到。令人稍感奇怪的是，作者在这里却提到了色情小说《如意君传》，而从学理上说，《如意君传》即使值得一提，也以放到"思想、信仰、文学和艺术"篇中，作为色情文艺的文本实例为妥。

就第七篇"技术与科学"而言，本身的结构也有很大问题。比如，对于中国在古代世界具有重大影响的丝绸和陶瓷，不仅连一个小节也没有获得，"陶瓷"甚至在书末的"主题索引"中都没有出现（却出现了"瓷器款识"这样的条目）。对于中国古代的"技术与科学"这个主题，还有一些方面也未能在书中得到恰如其分的反映。

如果我们要设法为该书的上述不足辩护，是不是可以找这样的理由：毕竟"技术与科学"这一篇比较专门，不能苛求作者在这方面掌握全面的知识？但遗憾的是，类似的情形也出现在更"文科"的篇章中。

例如第五篇"思想、信仰、文学和艺术"，在"30.2. 诗"这一小节中谈到了"主要诗格"，那当然要涉及律诗了，作者甚至还安排了"表71：诗的主要体裁"，但在这个理应很专业的表格中，作者仅满足于列举律诗的句数和每句的字数，完全没有提到律诗的平仄、对仗等格律，在书末的"主题索引"中也根本没有出现"平仄"和"对仗"的条目。对比"技术与科学"篇中对星占等问题"巨细靡遗"的介绍，难道诗词格律在中国传统文化中占的地位如此不重要吗？类似地，在给了星占历法计时等内容80页篇幅的情况下，对几千年博大精深的中国文学，却只给了可怜的15页，实在太不合理了。

该书内容简介说：该书要"检讨相关研究及解释存在的问题，并提供最优秀和几乎最新的中、西、日文研究成果"。从我抽查的情形来看，这一点在相当大的程度上还是做到了的，尽管并不理想。从上面举的例子来看，作者掌握的为撰写该书所需的材料显然并不均衡。不过，以个人之力撰写如此皇皇巨著，这方面有一点欠缺是完全可以理解的。如果责贤者备，那我想也许可以这样说：在某些手头材料较为丰富的事项上，如果作者能够更勇于割爱，那么至少全书所呈现的知识体系会更均衡一些。

第三，看索引部分是否准确。全书安排了四种索引："姓名索引""书名索引""数据库索引"和"主题索引"。我少量抽查的结果，未发现差错。例如，该书引用了我本人的著作五种，核对下来无论是在理解、引用、页码等方面都无差错。我还抽查了一些我熟悉的前辈学人的索引条目，也未发现差错。

我从索引中唯一发现的问题，是该书作者对中国学人成果的引用往往与中国国内情形有相当大的不同——某些在中国学术界享有广泛声誉的成果未见引用，有些连作者自己也没当回事的论著却被引用了。当然，这也可以从正面去理解：和国内学术界常见的观念相比，该书作者别具只眼，对某些成果有比国内学术界更高的评价，这也未尝不可。

关于该书的翻译问题

最近我看到一篇评论（维舟《中国历史的祛魅：评〈中国历史研究手册〉》），说该书翻译错误甚多。该文作者以极大的毅力，列举了约380条错误（我在手机屏幕上数的，可能有个位数的出入）。本来翻译并不是我抽查的项目，因为我没有该书的原版，但因为我在抽查中恰好注意到一处误译，现在看到有人列举出那么多条错误，无聊的好奇心促使我想看看我发现的这处有没有在那380条中，结果发现未在其中。

在《中国历史研究手册》第四篇"统治与教育"中，有"24.14.2. 棋类游戏"小节，中译本第509页，说中国象棋有四种"着"："攻（attack）、杀（kill）、截（check）及困毙（surround and kill，也就是'将军'）"。此处有两个翻译错误：1.check才是"将军"，通常简称"将"，中国象棋中根本没有"截"这个术语；2.surround and kill译成"困毙"本来意思是正确的，只是表达不够专业而已——专业的术语应该是"欠行"，不幸的是中译本又画蛇添足地加上了"也就是'将军'"，这就变成明显的错误了，因为在"欠行"局面中恰恰是没有"将军"状态的。估计译者对象棋不很熟悉。更专业一点的背景是，西人在谈论中国象棋时通常都会从国际象棋（chess）中借用术语,上面四种"着"皆是如此,其中"欠行"在中国象棋中判负,而在国际象棋中却是判和。

至于维舟文中所指陈的380条错误,我也抽检了若干条,我的判断是:其中有些是魏根深原书的问题,有些则不无吹毛求疵之嫌,尽管大部分也确实是事出有因的。考虑到世上不存在无懈可击的学术翻译,该书出现一些翻译瑕疵还是情有可原的。毕竟它涉及的领域是百科全书式的,任何译者都难以避免遭遇自己不熟悉的专业。例如,我们很难苛求一个历史学家必须同时熟悉中国象棋和国际象棋的比赛规则。当然,作为学术翻译,如果原书有误,译者也应在译注中指出并纠正之。

从该书看历史的建构性质

在阅读这部《中国历史研究手册》时,经常会产生这样的感触:我们的历史,在我们自己眼中,和在外国人眼中,是多么不同啊!这不仅体现在作者对历史事件的解读角度和描述话语中,更体现在作者对历史事件的详略取舍中。

例如,在我们的认识中,"玄武门之变"之所以在中国历史上赫赫有名,不仅因为它开启了李世民的成功统治,开启了此后盛唐的宏业,还因为它和贤君圣主格格不入的"篡弑"色彩引起了对此事的隐讳、粉饰和长久的争议。可是中国历史上这样一个公认的大事件,却没有出现在《中国历史研究手册》的任何一个索引中,仅在正文的一个括弧中提到过一次。作为对比,书中却有"38.15.3. 皇帝后宫的规模"这样一个小节,试图讨论中国皇帝的后宫里到底有多少女人。

前面被我指为不合理的那些例子,也同样可以解释成:这是因为魏根深眼中的中国历史,和大部分中国人眼中的不同。比如,在他眼中,中国历史上的星占历法计时制度之类的事情,就是要比中国文学和中医中药重要好多倍,不可以吗?

我必须说,是的,可以。因为历史本来就是人为建构的。

魏根深曾在中国报纸上对中国读者谈论过"一个老外能对中国历史说些什么"这样一个话题,他给自己找了一些理由:老外可以避免本国人常有的民族主义历史迷思,老外还更容易使用比较的视角来看历史。关于后一点,他举的例子之一是:中国人往往将武则天当女皇视为独一无二的孤立事件,而事实上,当时日本、林邑和新罗都出现了女性统治者,而且此后也都成为绝响,这难道是偶然的吗?他所举的这个例子,同样突显了历史的建构性质,不同人眼中的同一段历史,就是可以那么不同。

关于历史的建构性质,可以这样来认识:终极意义上的"真实历史",我们即使承认它的存在,终究也是没有任何人能够得到的。我们看到的古往今来所有的历史叙述,都包含了建构的成分。而且这种建构在每个时代、每个个人那里都会有不同的结果,所以西方历史哲学家才会有"一切历史都是当代史"这样的名言。《中国历史研究手册》完全可以看成这种建构性质的又一次鲜活呈现。

《中国历史研究手册》(全三册),〔英〕魏根深著,侯旭东主译,北京大学出版社,2016年,定价:188元。

(原载《中华读书报》2017年2月22日)

"哈罗德·布鲁姆文学批评集"审读报告

2017年,我写过一篇《〈中国历史研究手册〉审查报告》,据说颇获好评(说不定恶评也有,不过我没有看到或听到),近日适逢"哈罗德·布鲁姆文学批评集"(以下简称"批评集")全套六卷出齐,乃决定再作冯妇,为这套书写一篇审读报告——因为哈罗德·布鲁姆(Harold Bloom,1930—2019)一直是我特别喜欢的文学评论家。

"批评集"的缘起与结构

从1984年起,布鲁姆与切尔西出版社合作,选择他认为富有启发性的名家文学批评之作,构成大型文集丛书,20年间编辑出版了近千种。布鲁姆将他20年间为这些文集所写的导言汇编成"布鲁姆文学批评集"(*Bloom's Literary Criticism 20th*

Anniversary Collection，2005），分为六卷，中文译本①情况如下：

《文章家与先知》（Essayists and Prophets），翁海贞译

《史诗》（The Epic），翁海贞译

《短篇小说家与作品》（Short Story Writers and Short Stories），童艳萍译

《小说家与小说》（Novelists and Novels），石平萍、刘戈译

《诗人与诗歌》（Poets and Poems），张屏瑾译

《剧作家与戏剧》（Dramatists and Dramas），刘志刚译

六卷"批评集"，总共评论了西方文学史上的作者200余人（已去其重复——有许多人因跨界而出现在不止一卷中）。每卷所论之作者，依照出生年份排列先后顺序，总体来说有某种"厚古薄今"倾向，绝大部分被评论者都出生在1900年之前。《文章家与先知》卷21人中只有两人出生于1900年之后，《史诗》卷虽然收入了多家中国读者通常认为与"史诗"无关的作者和作品，但仍没有任何出生于1900年之后的作者。其余各卷中有少量出生于1900年之后的作者，以《小说家与小说》卷比例最高，77人中有31人，这几乎可以让人得出"长篇小说是20世纪最重要的文学形式"的推论了（很可能真的符合事实）。

"批评集"大部分章节由三类文本组成：一、布鲁姆自己的评论、解读和串讲；二、其他评论者的评论选段；三、被评论作

---

① 译林出版社，2016—2020。本文以下所据皆为这一版本。

品的选段。也有一些章节只有第一或第二类。

某些作家会反反复复在布鲁姆评论其他作家时出现,这样的作家显然在布鲁姆心目中有类似"标杆"的地位。除了毫无疑问的"超级标杆"莎士比亚之外,稍次一等的"标杆"作家有《旧约》某些章节的作者、乔叟、但丁、拜伦、爱默生、狄金森、劳伦斯等。几乎每一卷都会有一个或几个"标杆"作家,他们作为重要人物,起着量尺的作用,使得布鲁姆在谈论其他人的时候忍不住会反复提到他们,有时甚至达到喧宾夺主的地步。

在《文章家与先知》卷中,这样的人物之一是爱默生。例如在评论梭罗的那节中,布鲁姆连篇累牍地大谈爱默生,说自己重读梭罗,却能"清晰地听见爱默生的声音"。他认为梭罗对爱默生既不能接受,又不能释怀,所以《瓦尔登湖》的结语响起洪亮的钟鸣,传出的却是另一个人的声音"。

又如在《诗人与诗歌》卷中,布鲁姆花了8页评论美国17世纪的女诗人安妮·布拉德斯特里特,但读下来却让人以为他在讨论狄金森:"(至少自萨福以来)在女诗人里,狄金森以最为非凡和让人叹服的方式,在她许多最好的诗歌中都驱使我们去面对其中的性别成分。"接着大段引述狄金森的诗,而布拉德斯特里特几乎被晾在一边了。

如果打算精读布鲁姆的"批评集",了解这种"标杆"结构是非常有用的,它可能提供了提纲挈领掌握布鲁姆价值体系和评价标准的某种捷径。当然,任何时候都应记住,布鲁姆的"标杆"有相当大的随意性和极强烈的个人色彩。

布鲁姆的文本归类与轻重选择

在富有集大成色彩的六卷"批评集"中,布鲁姆当然要充分展示他的别具手眼与众不同,展示的路径之一是他对文本的归类。布鲁姆文本归类的独特性,在《文章家与先知》卷和《史诗》卷中表现得最为明显。

首先,"文章家与先知"这个类就是中国读者接触西方文学时很少遇到的。这个类有点像中国读者习惯的"思想家",里面收入了《旧约》、蒙田、帕斯卡尔、卢梭、克尔凯郭尔、梭罗、尼采、弗洛伊德、萨特、加缪等,这些人或作品看上去确实很像"思想家"。但是,布鲁姆谈《旧约》时,仅仅其中的《雅歌》就谈了5页,他引用"正统犹太教历史上千古独绝的阿基巴拉比"的话说:"所有圣典皆神圣,然独《雅歌》乃神圣之神圣。"但是《雅歌》其实很难挖掘出多少思想性,因为它是很"文学"的——其实就是朴素的古代色情歌谣。① 另外,这卷当然还有布鲁姆的"标杆"作家爱默生,甚至还包括了赫胥黎和他的《美丽新世界》。

再看《史诗》卷,其中收入了《旧约》中的《创世记》和

---

① 江晓原《从〈雅歌〉到罗累莱:艳情诗之西方篇》,收入江晓原《性学五章》,上海人民出版社,2019,29—53页。

《出埃及记》、荷马《伊利亚特》和《奥德赛》、维吉尔《埃涅阿斯纪》、《贝奥武甫》、但丁《神曲》、弥尔顿《失乐园》、托尔斯泰《战争与和平》等作品，这都是我们熟悉的史诗类作品。不过，"史诗"的定义当然是模糊的，如果说《追忆似水年华》《尤利西斯》《荒原》也还离史诗不太远，那么布鲁姆还收入了《源氏物语》、《坎特伯雷故事集》、柯勒律治《老水手行》、梅尔维尔《白鲸》等作品，我们就稍感意外了，这些作品也是中国读者熟悉的，但它们通常不被视为史诗。

布鲁姆展示自己别具手眼的另一个路径，是他对入选作者所给的论述篇幅，不同的作者得到的篇幅极不均匀，给人留下深刻印象。

比如《文章家与先知》卷评论了21位作者，正文275页，平均每位13页。但是布鲁姆给了格尔肖姆·肖勒姆25页，却只给了萨特2页！他钟爱的"标杆"作家爱默生则享受了19页。《史诗》卷评论了18家（《圣经》也作为一家），正文363页，平均每家20页，但给了华兹华斯44页。

到了《诗人与诗歌》卷，差别更为惊人，评论了56位作者，正文660页，每位平均不到12页，但他给了拜伦勋爵58页！给了雪莱40页，让柯勒律治享受了27页——这一卷只给了莎士比亚4页倒是毫不奇怪，因为在《剧作家与戏剧》那一卷中，已经在424页正文中给了莎士比亚137页。在那137页中，布鲁姆对莎士比亚20部戏剧逐一讲解、赏析。这一卷评论33人，人均不足13页,但莎士比亚独享超过人均10倍的篇幅,这样的超级待遇,实为"批评集"中唯一的殊荣。有一个还在世的美国诗人杰伊·赖特,相当意外地享受了37页的篇幅,仅次于拜伦和雪莱。布鲁姆说:"我如今在我们中间几乎找不到拥有这样的精神世界的人:我得等待他们来找到我。杰伊·赖特的诗歌在四分之一世纪以前找到了我,从此就与我不离不弃了。"虽然这37页的篇幅中许多都被用于大段引述赖特的诗作,但这样的评价也算很高了。

又如在《短篇小说作家与作品》卷中,评论39家,正文249页,平均每家6页多,但卡夫卡独享24页。考虑到马克·吐温才3页,博尔赫斯才4页,莫泊桑才5页,海明威才7页……卡夫卡这24页的篇幅,如果从他在文学上的重要地位来理解,似乎还勉强可通。但问题是,布鲁姆在给卡夫卡的这24页中,几乎一直在讨论宗教问题!

在《小说家与小说》卷中,总共评论了77位作者,正文609页,人均8页不到。其中给了巴尔扎克4页,给了霍桑的《红字》1页多一点,但给了狄更斯27页。

大名鼎鼎的歌德,没有出现在"批评集"任何一卷的入选名单中,但他的名字在布鲁姆论述其他作者时被多次提到。又如瓦格纳在"批评集"各卷中都未入选,但他的名字也被提到过。如果说歌德、瓦格纳等人没有入选可能有语言方面的问题①，那么《鲁拜集》即使不考虑原文，它的英译本名头也足够大，但"批评集"中没有提到过。类似的例子还可以想到中国读者比较熟悉的浪漫派诗人海涅。

这表明在"批评集"的篇幅取舍上，布鲁姆的个人色彩非常强烈。篇幅多寡虽然难免有偶然性，但是考虑到布鲁姆评论的作家多达200余人，这种偶然性可以认为在平均的意义上已经大体被消除，可以忽略不计了。因此我们有理由推论："批评集"中这种论述篇幅的分配（0—137页），在相当大程度上反映了这些作家在布鲁姆心目中的地位。

布鲁姆文学批评的基础理论

六卷"批评集"在今天看来已是卷帙浩繁，布鲁姆又喜欢以"儿抚一世豪杰"的气势大发议论，旁征博引，滔滔不绝，而且信马由缰，随意所之，联想、隐喻、互文等手法任意使用，论述中还经常自由跳转，甚至离题。以前我曾将布鲁姆的这种文风归纳为三句话："眼界高、思想深、口气大"。这种风格的文章读起来非常爽，令人愉快，但不可否认，也有容易让人迷失、不得要领之弊。

如果将布鲁姆的文学批评理论视为一个工具，那么"批评

---

① 但从他先前的《西方正典》来看，应该也不是问题，详见下文。

集"中入选的作者和作品，就是布鲁姆用他的文学批评工具进行操作的对象；而六卷"批评集"所展示的，只是这种操作的过程和结果，并未对这种操作所使用的工具本身进行系统介绍和集中论述。

要真正了解布鲁姆的文学批评理论，我们必须越出"批评集"的文本，追溯到布鲁姆此前的某些著作。

首先是布鲁姆43岁那年的成名作《影响的焦虑》(*The Anxiety of Influence*，1973)，这本小书的中译本30年前就已出版。①

布鲁姆在《影响的焦虑》中阐释了一种诗学理论，大意为：当代诗人就像一个具有俄狄浦斯恋母情结的儿子，面对着"诗的传统"这一父亲形象，与之截然对立。在强大的传统面前，当代诗人被压抑、被毁灭，他们只能用各种有意识或无意识的对前人的"误读"，即布鲁姆所说的六种"修正比"，来贬低前人，否定传统，从而树立自己的形象。

布鲁姆所说的六种"修正比"，前三种较容易从技术上把握，后三种则颇为玄远。它们依次为：1.诗的误读；2.续完和对偶；3.重复和不连续；4.逆崇高（妖魔化）；5.净化和唯我主义；6.死者的回归。不过，布鲁姆强调，上述这种对立和斗争规律不适用于莎士比亚及其以前的诗歌。

---

① 哈罗德·布鲁姆《影响的焦虑》，徐文博译，生活·读书·新知三联书店，1989。

这里我们不必陷溺于六种"修正比"的细节中，只需把握布鲁姆文学批评理论的基本要义即可——这个要义已经由《影响的焦虑》的书名直接指出，简言之就是：文学作者总是处在前辈成就的影响之下，这种影响就是阴影，给作者造成焦虑；解脱这种焦虑的办法，则是对前辈的精神叛逆，叛逆得越彻底就越成功。

到这里，我们就比较容易理解"批评集"中那些大大小小的"标杆"人物了，他们之所以能够成为"标杆"，就是因为他们或多或少让后世作者处在他们影响的阴影之下，他们既是后世作者成长的营养，又是后世作者焦虑的来源。

在"批评集"之前，布鲁姆至少已经使用这个理论工具对文学史上的重要人物和作品系统操作过一次了，这就是他的名作《西方正典》(*The Western Canon*，1994)[①]。

所谓"正典"，本有"宗教法规""传世之作""经典"等义。布鲁姆选择西方历史上26位被他认定为伟大的作家的作品，谓之"西方正典"，对它们进行评论、串讲、赏析。出版之后，好评如潮。

在《西方正典》中，布鲁姆树立了一个"超级标杆"——莎士比亚。莎士比亚在书中成了其余一切正典的标尺："莎士比亚是一个独特的案例，在他面前，先人前辈们无不矮了一截"；

---

① 哈罗德·布鲁姆《西方正典》，高志仁译，立绪文化事业有限公司（台湾），1998；又江宁康译，译林出版社，2005。

而莎士比亚之后的作者们,则无一不在莎士比亚的巨大影响之下。布鲁姆将莎士比亚变成了整个西方文学的核心,"他已经变成他之前和之后所有作家的试金石"。在《西方正典》所选定的26位大师中,莎士比亚之前的只有两人——乔叟和蒙田,而他们两人的地位是根据他们对莎士比亚的影响来确立的。在"批评集"的《文章家与先知》卷,布鲁姆这样评价蒙田:"不曾有莎士比亚之前,蒙田是欧洲文艺复兴史上最伟大的人物,就认知与影响力而言,堪比20世纪的弗洛伊德。"

至此,我们对于布鲁姆文学批评理论中莎士比亚的特殊地位,包括六种"修正比"的斗争规律为何不适用于莎士比亚本人和他之前的诗歌,以及在"批评集"中为何莎士比亚占据了如此巨大的篇幅,都比较容易理解了。布鲁姆甚至说过这样极度夸张的话:"历史不足以解释莎士比亚,反倒是莎士比亚照亮了历史。"[①]

在莎士比亚的巨大影响之下,后人怎样才能确立自己的地位呢?或者说,他们怎样才能使自己的作品也得以进入正典之列呢?答案是"疏异性"(strangeness)——与《影响的焦虑》中的"修正比"有类似之处。

布鲁姆认为"疏异性"是文学作品赢得正典地位的原创性指标之一,但对它的表述却玄之又玄:"此疏异性若非令我们完

---

① 哈罗德·布鲁姆《影响的剖析》,金雯译,译林出版社,2016,7页。

全无从吸收融合,就是化为浑然天成之貌(a given),使我们感觉不到其特异之处。"如果说得简单一点,"疏异性"或可理解为对莎士比亚的疏远和变异——莎士比亚是衡量他们每个人的标尺,而他们都处在莎士比亚的巨大阴影之下,不竭力抗争,不强行疏远和变异,就将无以自立。这样来理解"正典本身,就是一个持续进行的竞争"这句话,也就顺理成章了。

布鲁姆在《西方正典》中选定的26位世界文学大师是:莎士比亚、但丁、乔叟、塞万提斯、蒙田、莫里哀、弥尔顿、约翰逊、歌德、华兹华斯、奥斯汀、惠特曼、狄金森、狄更斯、艾略特、托尔斯泰、易卜生、弗洛伊德、普鲁斯特、乔伊斯、伍尔夫、卡夫卡、博尔赫斯、聂鲁达、裴索、贝克特。

十年以后,到了"批评集"中,虽然评论对象扩大到了200余人,上述名单中却有两位被布鲁姆驱逐出去了——歌德和拉丁美洲的葡语作家裴索。

布鲁姆的特色批评

布鲁姆在"批评集"中的文风,与《西方正典》一脉相承。热情奔放的论述固然可以引起阅读快感,但到处都是通过感觉、联想、类比而来的论断(assertion),而不是有逻辑力量的论证。比如他选定的26位文学大师中之所以有弗洛伊德,是因为"我喜欢的是对弗洛伊德的莎士比亚式解读,而不是对莎士比亚的弗洛伊德式解读";又如"西方正典唯一的贡献,是它适切地运用了个人自我的孤独,这份孤独终归是一个人与自身有限宿命的相遇",这类读之朗朗上口、思之不知所云的话头,在布鲁姆的书中到处可见——也许这就是文学吧?布鲁姆自称"不想告诉读者该读什么、怎样读,只想谈论自己已经读过而且认为值得再读的书"——他不是要和你讲道理,而是在向你谈感觉。

下面是"批评集"中的一些令人印象深刻的例子。

在《史诗》卷中,布鲁姆给了托尔斯泰的《战争与和平》一席,既然梅尔维尔的《白鲸》也有一席,给托尔斯泰一席当然没问题。然而,非常麻烦的是,托尔斯泰却是强烈拒斥莎士比亚的,这在莎士比亚身后能入布鲁姆法眼的作者群中极为罕见。布鲁姆显然必须找出一些说辞,既保持对托尔斯泰的肯定,又能维护莎士比亚这个他心目中文学的无上标尺。布鲁姆的做法,竟是硬说莎士比亚对托尔斯泰的影响大到托尔斯泰不愿意承认的地步:"我猜想,托尔斯泰受莎士比亚的表现艺术影响太深,因此不能忍受坦承这种无法避免的影响。"并且以富有诡辩色彩的论断结尾:"托尔斯泰对莎士比亚的摒斥,或许是莎士比亚的表现力量迄今所得的最鬼巍的赞颂,纵使辞气如此纡曲。"这样强词夺理的论断,要是让托尔斯泰见到不知会做何感想。

托马斯·品钦也出现在《小说家与小说》卷中。品钦最著名的作品当然是《万有引力之虹》,布鲁姆也评论了,不过他一开头就将《万有引力之虹》贬到了至少第三名:"我估计到目前为止,品钦的代表作是《梅森和迪克逊》,但我个人对《拍卖第四十九批》的喜爱过于强烈,不可能转而看重品钦的其他作品。"布鲁姆强烈推崇《拍卖第四十九批》:"这部作品似乎包含了其他很多体裁的特点:彻底翻转的侦探故事、社会讽刺、美国末日启示录文学。但从根本上讲,它是一部浪漫传奇,一部将奇幻与美国现实结合得天衣无缝、无法拆分的叙事。"而对于品钦的皇皇巨著《万有引力之虹》,布鲁姆却只激赏其中"灯泡拜伦"的故事,说"品钦是最了不起的否定性崇高(应该就是前述《影响的焦虑》中的第四种修正比)大师,……灯泡拜伦的故事触及艺术的一个极限"。布鲁姆竟为这个故事耗费了品钦享有的 12 页中的 9 页。

女权主义/女性主义(feminism 的两种译法)是布鲁姆相当讨厌的事物之一,他经常要找机会攻击一下。在《小说家与小说》卷"导言"中,他说:"荒唐的是,由于一场女性主义的讨伐把劳伦斯几乎逐出了英语世界的学术界,后者如今竟然成了一位被忽视的作家。"而在这一卷中讨论夏洛蒂·勃朗特的《简·爱》时,布鲁姆竟有一段口味颇重的酷评:"如果我发现《简·爱》的大部分文学力量来自它地道的施虐快感,即将极具男子气概的罗切斯特再现为夏洛蒂·勃朗特对俊美的拜伦勋爵施加权利意志的牺牲品,我是不会对女性主义批评产生好感的。"

布鲁姆既然确定了那些"标杆"人物，他当然会非常自如地用这些人物来说事。比如他在《文章家与先知》卷中谈论塞缪尔·约翰逊时说："我以为约翰逊仍是莎士比亚最好的批评家。"但他又说："约翰逊大概低估了莎士比亚所欠负乔叟的。……乔叟也许还赋予莎士比亚二人共通的最伟大天赋：作为先驱作家，二人所创造的人物由于聆听自己说话而改变。"而在《史诗》卷讨论乔叟时，布鲁姆再次强调了乔叟创造的人物"因思索自己所说的话而改变自己"这一特征。

类似地，在讨论爱默生时，布鲁姆说："你若要理解美国作家，最好去阅读爱默生，而不是我们当代的作家，因为连惠特曼、梭罗、狄金森、霍桑、梅尔维尔都只是在阐释他。"他预言爱默生"才是我们将来的想象文学和批评的指路灵魂"。

而在《小说家与小说》卷中，布鲁姆高度推崇劳伦斯的《虹》和《恋爱中的女人》。在这一卷讨论哈代时，布鲁姆说："要充分欣赏哈代作为一个小说家的永恒魅力，更好的引路人是他的继承者 D. H. 劳伦斯，后者的《虹》与《恋爱中的女人》不可思议地把哈代的文学遗产推上了艺术的巅峰。劳伦斯带着叛逆儿子的爱恨交加的心情称赞哈代……"至于可怜的《查泰莱夫人的情人》，布鲁姆只在结尾处提了一下，他还抱怨它和劳伦斯的后期作品"挫伤了叙事的限制，令人很难在重读他的作品时保持专心致志"。

关于"史诗"，布鲁姆有自己的见解。他在《史诗》卷"导言"中说:"史诗英雄是反自然的(contra naturam),他们的追求是对抗性的",又说"渴望创造不衰的想象,也许就是伟大史诗的真正标志"。他在这一卷选入的史诗作品显然和上述想法有关,比如梅尔维尔的《白鲸》,就是典型例子。布鲁姆对梅尔维尔相当推崇,不仅将《白鲸》列入史诗,而且大段大段引用原文。

布鲁姆首选的史诗是《旧约》中的《创世记》和《出埃及记》。这两记的作者当然是不明确的,布鲁姆说有一位学者"甚为胜绝地"称之为"J",他从之,乃大谈这位J与莎士比亚、卡夫卡、托尔斯泰等作者之间的联系。

布鲁姆在《诗人与诗歌》卷给了威廉·布莱克24页,主要讨论布莱克的两个作品《伦敦》和《老虎》与《旧约·以西结书》和《旧约·约伯记》之间的互文与戏仿关系。布鲁姆将布莱克的这两个作品称为"修正主义作品"——在这里,布鲁姆是作为褒义用的,他认为"布莱克是一位戏仿世界历史的伟大诗人"。

艾略特和他的《荒原》被布鲁姆高度评价,不仅入选《史诗》卷,而且用一批"标杆"为它加持:"艾略特道明他的先辈是这些显赫的人物:维吉尔、但丁、英国玄学派诗人和詹姆斯一世时代戏剧家、帕斯卡、波德莱尔、法国象征主义诗歌、埃兹拉·庞德。然而他的诗歌的真正源泉是丁尼生和惠特曼,……《荒原》是伪装为神话传奇的美国式自我挽歌,一部伪装为基督教反讽的实践的浪漫主义危机诗歌，……是一些伟大碎片的华丽集合，无可置疑地是我们这个世纪英语诗歌之中最具影响力的诗歌。"

中国知识分子一度相当熟悉的萧伯纳，入选《剧作家与戏剧》卷，不过比较特殊的是布鲁姆对萧伯纳贬多于褒，而且不乏毒舌："没哪个批评家会把他与莎士比亚相提并论，因为他的创造力实在太薄弱。……他虽然号称思想型剧作家，但其实更多是在拾人牙慧。"又说"不管根据什么审美标准，萧伯纳的异教信仰都十分无趣"。甚至说："萧伯纳不是风格家，不是思想家，不是心理学家，也不像莎士比亚天纵奇才，……表达的思想往往流于肤浅，但他的作品却又始终挥之不去。"最后这句话也不知道是褒是贬，毕竟布鲁姆分析了他的 4 部剧作，让他享受了 35 页的篇幅，大大超出了该卷不足 13 页的人均值。

布鲁姆对科幻文学的看法

科幻文学在美国通常被视为"通俗文学"的一部分，以布鲁姆"批评集"的"范儿"来推测，当然应该不入他的法眼才对。事实上，美国最著名的那些以科幻小说名世的作家，自阿西莫夫以下，没有一个人被"批评集"提到过。但是相当令人意外的是，还是有四位通常被视为科幻作家的作者（三位英国的，一位美国的）被布鲁姆提到了，而且都有专节论述，这就值得在本文中拿出一小节来稍加讨论了。

首先是被一些人视为"科幻祖师奶奶"的玛丽·雪莱，出现在《小说家与小说》卷中。其实关于谁写了第一篇科幻小说，候选人有若干，玛丽·雪莱只是其中之一（另一个重要的候选人是天文学家开普勒）。布鲁姆从文学的角度来评价《弗兰肯斯坦》："只是一部具有感染力的小说，有着自身的缺陷，在叙事和人物刻画上常常显得笨拙，但它却是一部重要的著作，因为它包含了我们所拥有的浪漫主义自我神话最生动的版本之一，……为我们了解浪漫主义诗人的原型世界提供了一个独特的介绍。"由于布鲁姆没有将《弗兰肯斯坦》置于科幻文学的背景中去解读，他的上述评论难免有隔靴搔痒之感。

在《文章家与先知》卷中，他选入了阿尔道斯·赫胥黎。赫胥黎最著名的作品当然是被称为"反乌托邦三部曲"之一的《美丽新世界》，不过布鲁姆对这部小说的评价很低："几乎不堪重读：书中的基本隐喻——用亨利·福特替代耶稣基督——现在看来极造作，甚至傻气。"与此同时，他却对赫胥黎的另两篇作品《知觉之门》（*The Door of Perception*，1954）和《天堂与地狱》（*Heaven and Hell*，1956）[①]表示欣赏，称其为"因嗑药而产生幻想经验的奇特小书"。其实这种属于吸毒体验类的作品，和"垮掉的一代"有相当密切的关系，这种关系也未必是

---

① 这两篇作品都有中译本，合为一帙，书名《知觉之门》，庄蝶庵译，北京时代华文书局，2017。

布鲁姆喜欢的。但布鲁姆竟替赫胥黎的迷幻药实验找了 15 位先贤来加持,不仅有圣奥古斯丁、佛陀,甚至还包括了老子和庄子。最后他的论断是:"赫胥黎是佼佼的文章家,但算不得杰出的小说家或圣贤。"这还是恰如其分的,因为赫胥黎的这两部作品确实展现了相当的学术修养和思想才华。①

在《小说家与小说》卷中,乔治·奥威尔的小说《一九八四》和《动物农庄》有幸进入了布鲁姆的视野,但他似乎没有注意到奥威尔作品的反乌托邦思想史背景,而是仅从文学上着眼,给了奥威尔很低的评价:"奥威尔作为先知所获得的必然是一种非常复杂的成功,因为他相对粗陋的人物塑造迫使我们基本上按字面意思解读《一九八四》。"因此,布鲁姆认为,当时《一九八四》的评论家们"都被该书的社会相关性所征服,以致没有意识到它作为叙事的明显拙劣性,也没有发现奥威尔完全无法再现哪怕一个缩减了的人类个性或道德人物"。

也出现在《小说家与小说》卷中的女科幻作家厄休拉·勒古恩,是本节要讨论的四位作家中最受布鲁姆"宠爱"的一位,布鲁姆给了她 12 页篇幅,超出了该卷的平均值。在评论勒古恩时,布鲁姆似乎愿意考虑更为广阔的背景了。

布鲁姆说自己看了勒古恩对菲利普·迪克的评论之后开始阅读迪克的科幻小说,但是尽管勒古恩自己认迪克为先辈,布

---

① 江晓原《赫胥黎的迷幻药实验》,《新发现》2020 年第 6 期。

鲁姆却拒绝承认迪克的成就和他对勒古恩的影响:"读了迪克的作品之后,我们只能私下嘟哝,一个文学评论家几乎不可能置身这样的危险:断定迪克是我们的博尔赫斯,或发现迪克与卡夫卡共存于同一宇宙,是我们这个世纪的但丁。然而……勒古恩是一位想象力非比寻常的创造者和重要的文体家,她以这样的才华选择了奇幻与科幻小说(或者说被它选择),她是当代此类作家中一位具有压倒性优势的典范,比托尔金优秀,远远胜过多丽丝·莱辛。"

布鲁姆对勒古恩的论断也充满由衷的赞美:"在我们称为奇幻文学的真正的浪漫传奇传统中,勒古恩是一个出色的读取遥远时空的人,或精通转代比喻的人。勒古恩游刃有余地描画着'我看不到的事物的那个意象',在这方面我们无人能及。"

从"批评集"和布鲁姆其他著作综合来推测,布鲁姆对"奇幻和科幻文学"基本是看不上眼的,他欣赏勒古恩,归根结底还是因为她的文学造诣。但看在勒古恩的面子上,布鲁姆总算纡尊降贵地对"奇幻和科幻文学"略加垂顾了。

布鲁姆鄙视的作家和他的文坛恩怨

布鲁姆鄙视的作家和作品,就不会出现在"批评集"中,但是借用集合论的概念,可以认为它们实际上是出现在"批评集"中的作家与作品的"补集",所以还是有必要在本节中稍加讨论——当然，仅限于名头特别大的作者。

当代作家J. K. 罗琳和斯蒂芬·金的名字，在六卷"批评集"中从未出现过，当然，《哈利·波特》系列的任何作品、斯蒂芬·金的任何作品，也从未在六卷"批评集"中出现过。布鲁姆甚至没有兴趣去诋毁他们或他们的作品——因为这样的话，也就难免要提到他们的姓名或书名了。布鲁姆仿佛要让读者感觉到，在他的文学世界中，J. K. 罗琳和斯蒂芬·金以及他们的众多作品，从来就没有存在过。

关于布鲁姆对《哈利·波特》和斯蒂芬·金作品的厌恶，已经是圈子里具有相当知名度的事情。他去世前两年，曾接受《南方周末》一次专访①，关于他为何厌恶《哈利·波特》和斯蒂芬·金的作品，《南方周末》记者报道说，布鲁姆的理由是："你读了这些三流作品，就没有时间读一流作品了。劣书会挤占好书的时间。"

另一个引人注目的例子是美国当代诗人艾伦·金斯堡，他的名字也没有在"批评集"中出现过。《诗人与诗歌》卷出生年代最晚的入选诗人是安妮·卡森，生于1950年，这个年代下限已经覆盖了金斯堡的生年（1926年，有八位入选诗人生年晚于此年），所以金斯堡没有出现在"批评集"中显然是布鲁姆筛选的结果。估计这位"垮掉的一代"的领军人物和他的著名长诗

---

① 《"和多元文化打了半个世纪，我不想再挑起任何辩论" 专访耶鲁大学教授哈罗德·布鲁姆》，《南方周末》2017年6月22日C21版。

《嚎叫》(*Howl*)入不了布鲁姆的法眼——尽管金斯堡好歹也是被美国文学艺术院接纳为会员的人,是得了美国全国图书奖的人。① 顺便指出,"垮掉的一代"的另一位领军人物,杰克·凯鲁亚克的名字和他的作品也未能出现在《短篇小说家与作品》卷或《小说家与小说》卷中。

布鲁姆的文坛恩怨,在"批评集"中也不无蛛丝马迹。比如在《诗人与诗歌》卷谈到女诗人伊丽莎白·芭蕾特·布朗宁时,他忽然忍不住大发相当离题的议论:"我已经放弃了所有在学术机构的客座讲学,仅仅为新书做巡回演讲。"原因竟是:"我近十年发现,有成千上万普通读者,游离于学院和媒体,他们没有被业已成为时尚的'文化批评'污染。"所以他只愿意为他们演讲。接下来他的感叹更是黯然神伤:"我蹒跚走过太多经典权威的战场,承认在学院的战败,我愿把战火带向别处……"

所谓"承认在学院的战败",那次接受《南方周末》专访时,布鲁姆也谈到了:"我跟多元文化主义打了半个世纪的漫长战争,……我的这些理论让我在很多大学里、很多教授中都非常不受欢迎。"他和多元文化主义的战争包括四场战役:1. 反对"新批评主义";2. 反对解构主义;3. 反对女权主义;4. 反对《哈利·波特》文学。

至于他为何乐意将"战败"挂在嘴上,当然不是认错服输,

---

① 江晓原《〈嚎叫〉:叛逆也修成了正果》,收入江晓原《脉望夜谭》(增订版),上海科学技术文献出版社,2019,137—143页。

而是表达"他们一拥而上众口铄金自甘堕落我不和他们玩了"之意。他"在学院的战败"看来还包括他丧失了对研究生们的影响:"我越来越发现研究生们焦虑、变化无常、追随最新的潮流,……我发现更好的学生都在耶鲁的本科生中,所以现在我只教本科生。"这和他只对学院外的普通公众演讲倒是一致的,总之是他即使已经在学院体系中被孤立,也仍然特立独行,我行我素。

文学阅读和文学评论的个人性质

文学作品本来就出于虚构,而文学评论是在评论虚构作品,几乎可以视之为二阶的虚构,或者至少可以有二阶的虚构成分。既然如此,文学阅读和文学评论的个人性质就是毫无疑问的。因此对于文学来说,在阅读和评价方面,被人牵着鼻子走的合理性,几乎是不存在的。当然,你可以让人为你引路,比如让布鲁姆和他的"批评集"为你的文学阅读引路,但是你必须认识到,在最基本的层面,你和他是平等的。

在你的文学修养还不够的时候,如果你让布鲁姆为你引路,他说莎士比亚最伟大,你就跟着他读莎士比亚,这没问题,但是随着你文学修养的提高,你将开始形成你自己的好恶和判断,要是你竟不喜欢莎士比亚,觉得莎士比亚根本没有布鲁姆说的那么伟大,这同样合情合理,同样可以理直气壮——只要你能够言之成理。

恰恰是在"言之成理"这一点上，文学阅读和文学评论的个人性质就突显出来了。和科学知识有相对较强的客观性、在很多情况下可以获得实践的检验不同，文学没有科学那样的客观性和可检验性，基本上无法获得实践检验，所以从理论上说，布鲁姆推崇莎士比亚可以言之成理，托尔斯泰拒斥莎士比亚也可以言之成理。每个人所言之"理"不同，却都有可能言之成理。

布鲁姆为你引的路，是带有强烈的布鲁姆个人色彩的路。在这条路上，莎士比亚是光芒万丈的太阳，照亮了人类文学的过去和未来，而《哈利·波特》和斯蒂芬·金根本不存在。这里突显出体现个人色彩的一个重要路径——选择。从总体上看，布鲁姆保守主义的文学价值观，体现在选择上，就是推崇传统经典，鄙视流行读物。

这一点从《西方正典》到"批评集"是一以贯之的。在写《西方正典》时，布鲁姆的文学批评理论框架已经完整形成。1994年，他用这个理论工具，对在一定程度上已享誉世界的26位文学大师的作品操作了一番，写出了名作《西方正典》。此后20年间，他不断地使用上述理论工具，持续对更多的文学作品进行操作。"批评集"可以视为布鲁姆文学批评的集大成之作，是他使用同一理论工具，对他精选出来的200余位文学作者和他们的作品进行文学评论操作的范本。

布鲁姆推崇经典、鄙视流行的文学价值理念，总体上我是高度认同的。以前我曾经对媒体表示过：对于那些流行的畅销书，看看虽然也无妨，但不看肯定没有损失。这当然比布鲁姆"读了这些三流作品，就没有时间读一流作品"的意见要平和一些，比如我对于斯蒂芬·金的小说和小说改编的影视作品就不拒斥，还看过不少。但这和布鲁姆的意见其实并非没有调和的余地：读三流作品确实会挤占读一流作品的时间，不过人生毕竟还要有用于别处的时间，比如用于娱乐的时间，在这样的时间里要是斯蒂芬·金和莎士比亚同样能娱乐我，我又何妨和斯蒂芬·金做会伴呢？

从保守主义的文学价值观出发，还可以很自然地过渡到当下的阅读问题。"怎样读"本来不是一个问题，但互联网特别是移动端互联网兴起之后，竟成为一个问题。看看"批评集"中涉及的作品，绝大多数（如果不是全部的话）会被我们"怎样读"？在理论上，你用手机读莎士比亚当然是可能的，但实际上会有人这样读吗？

我多次对媒体表示："让我们还是真的读书吧！"在给图书馆、读书会做讲座时被邀请题词留念，我也经常写这句话。这句话的重点在"真的"——读"真的"书。

移动端互联网提供的碎片化阅读，其中绝大部分内容根本到不了是一流还是三流的争执层次。形式可以反过来影响内容，在移动端互联网提供的阅读中，即使是被布鲁姆鄙视的斯蒂芬·金的作品，也会因为篇幅问题而很少有人光顾，更不用说那些文学经典了。

要进行有效的文学阅读，我们还是必须回到纸书，拿起真正的书来阅读。非常幸运，这六卷"批评集"和其中评论的数百部文学作品，绝大部分都已有中译本（仅用我的个人藏书就可以证明这一点），这不能不说是中国出版业数十年来的成绩和骄傲。

中译本白璧微瑕举例

译林出版社出版六卷本"批评集"，洵为学术功德，本文仅对在未核对原版书的情况下所发现的中译本的白璧微瑕指出一二，以备将来重印或再版时或能有所修订，更臻美善。

中译本有少数不够周全之处，可能是原著就有的。

例如，因为卡夫卡的重要性，布鲁姆在《短篇小说家与作品》和《小说家与小说》两卷中都给了他较大篇幅（24页、25页），但两卷中出现了大段的重复。事实上，《短篇小说家与作品》卷中讨论卡夫卡的24页内容，在《小说家与小说》卷中的第293—310页全部重复了一遍！（中译本这两卷的行距明显不同，所以每页的字数不同，况且译文也出自不同译者之手，所以同样内容的译文，在《短篇小说家与作品》卷中篇幅为24页，在《小说家与小说》卷中则用了18页。）只有310—317页的内容才是《短篇小说家与作品》卷中所没有的。

考虑到该书逐页给出了原版书的页码，上述重复几乎可以肯定是原书编辑中的疏忽。布鲁姆本人固然难辞其咎，毕竟他是主编，但最主要的责任应该在原版书的编辑。而中译本如果注意到了，应该可以将《小说家与小说》卷中第293—310页的内容删去，并用译者注的形式说明此处删节的内容已见《短篇小说家与作品》卷中。

但也有明显是中译本的问题。

比如柯勒律治的长诗 *The Rime of the Ancient Mariner*，布鲁姆将它归入《史诗》卷中，在那一卷中被译为《老水手行》，但是在《诗人与诗歌》卷的"导言"及正文中，此诗又被译成《古舟子咏》。尽管这两个译名都是流行的，但在同一套书中，还是应该前后统一为好。如果追求尽善尽美，可以在第一次出现此诗名称时加一个译者注：又译《古舟子咏》。

又如在不同卷中，对卡夫卡名字的译法也不一致：《短篇小说家与作品》卷译为"弗兰兹·卡夫卡"，《小说家与小说》卷译为"弗朗茨·卡夫卡"。同一人名音译用字前后不同的现象，出现在"批评集"中译本不少地方，兹不列举。这虽无伤大雅，对读者也不会有多少困扰，但从书籍编校质量的角度来看，显然应该统一。

再如在《史诗》卷中，《旧约》中的《创世记》和《出埃及记》的作者J有时被译为"雅威作者"，在中译本该卷有关的

《旧约》引文中，又将和合本中的"耶和华"置换为"雅威"，这种置换不仅殊无必要，而且在学理上还会发生问题：J或"雅威作者"是叙事者，而"耶和华"是叙事中的角色之一，并非叙事者本人。"批评集"别的卷中引用《旧约》时并无此种置换，就没有问题了。

"哈罗德·布鲁姆文学批评集"（全六册），〔美〕哈罗德·布鲁姆著，译林出版社，2016—2020年，定价：427元。

（原载《现代出版》2020年第4期）

《黄面志》中国影印版序

著名的英国文艺杂志《黄面志》(*The Yellow Book*, *An Illustrated Quarterly*，1894—1897，又名《黄书》《黄杂志》)，要出全13卷影印版了，这在中国出版界，也要算100多年来一件引人注目的事情了。

《黄面志》在中国

郁达夫是最早向国人介绍《黄面志》的中国文人之一，据说《黄面志》这个名字也是他最先用的，见于《创造周报》1923年9月23日第20号、9月30日第21号上连载的郁达夫《*The Yellow Book* 及其他》一文。他认为19世纪中叶以来英国文坛是道德主义和形式主义一统天下，而《黄面志》作家群体则是打破这种一统天下局面的叛逆者，他们继承了法国思想，在19世纪末期的英国文坛上"独霸一方，焕发异彩"。继郁达夫之后，田汉、张闻天等人也曾向中国读者推介《黄面志》早期的插图画家比亚兹莱（Aubrey Beardsley，1872—1898）。

两年后的 1925 年，梁实秋在美国的旧书店买到一册《黄面志》，引得他在 1925 年 3 月 27 日的《清华周刊·文艺增刊》第 9 期上发表了《题璧尔德斯莱（比亚兹莱）的图画》一文，他大发议论：

> 雪后偕友人闲步，在旧书铺里购得《黄书》一册，因又引起我对璧尔德斯莱的兴趣。把玩璧氏的图画可以使人片刻的神经麻木，想入非非，可使澄潭止水，顿起波纹，可使心情余烬，死灰复燃。一般人斥为堕落，而堕落与艺术固原枝也。

为此梁实秋还被引动了诗兴，作了一首题为《舞女的报酬》的新体诗，咏叹的是比亚兹莱为之作插画的王尔德（Oscar Wilde）的诗剧《莎乐美》（Salome）中的故事。

又过了四年，鲁迅也向中国读者推介比亚兹莱的绘画作品。1929 年 4 月，在《文苑朝华》第一期第四辑《比亚兹莱画选》中，鲁迅选了比亚兹莱 12 幅绘画作品，并写了"小引"介绍他，说他是《黄书》的艺术编辑，"视为一个纯然的装饰艺术家，比亚兹莱是无匹的"，并且评论说：

> 他是由《黄书》而来，由 *The Savoy*（另一种比亚兹莱效力过的杂志）而去的。无可避免地，时代要他活在世上。这九十年代就是世人所称的世纪末。他是这年代底独特的情调底唯一的表现者。九十年代底不安的，好考究的，傲慢的情调呼他出来的。

鲁迅的上述推介，后来被李欧梵评论为："他的个人艺术趣味看来和他在政治认同上的公众姿态是相抵触的。似乎这位中国文人领袖，一个以不倦地提倡苏联马克思主义和社会现实主义而知名的坚定的左翼人士，自己也不知不觉地深为颓废的艺术风格所吸引。"

再往后，中国陷入抗日战争和全面内战的烽火中，《黄面志》这种属于"颓废腐朽"艺术的杂志，估计不太有机会进入中国人的视野了。

20世纪六七十年代，叶灵凤在香港又颇谈了一阵《黄面志》和比亚兹莱。他是比亚兹莱的倾慕者和仿效者，甚至得了"中国的比亚兹莱"的绰号，曾搜集了不少比亚兹莱的作品，后来毁于兵燹，到香港后又重新搜集。那时比亚兹莱在英国又重新热起来，作品重新出版，博物馆还举办展览，叶灵凤闻之，不免重温了一番旧爱。

据叶灵凤回忆，当年他并未在郁达夫的藏书中见到过《黄面志》，后来倒是在邵洵美的书架上见过，"是近于十八开的方形开本，都是硬面的，据说是他用重价当作珍本书从英国买回来的"。

从这些细节来推测，《黄面志》在中国基本上是一种"小众高端"的东西，只有少数相对得西方风气之先的文人在谈论它。有的谈论者自己也未必阅读过、把玩过，甚至还没有见过《黄面志》，也许只是从西方报刊上听说过而已。

《黄面志》和世纪末的"颓废"文艺

《黄面志》是一种文艺季刊，创刊号于1894年4月出版，到1897年4月出到第13期结束。创刊时由亨利·哈兰德（Henry Harland）任文学编辑，比亚兹莱任美术编辑，杂志的装帧和风格都是比亚兹莱设计的，但从第5期开始比亚兹莱被解雇。

杂志采用精装书籍的形式，每期300页左右，黄色的硬封面上压印黑色图案，《黄面志》即据此得名。关于杂志封面为何选用黄色，后人有诸多解读，现在已经不可能起比亚兹莱于地下而问之了。当时的风气，一些色情小说喜欢用黄色封面，所以《黄面志》也可能会让人产生这方面的联想——也许这正是它的出版商乐意看到的一种营销效果。

作为一种综合性文艺刊物，《黄面志》刊登小说、诗歌、散文、绘画作品。出版之后很快声誉鹊起，被视为"世纪末文艺倾向的一个主流刊物"，而这种"世纪末文艺倾向"的一个重要标签是"颓废",《黄面志》杂志的作家群也往往被人们称为"颓废派"。姑不论这个标签是否合理,但《黄面志》上的作品其实谈不到色情。当时有人评论说,因为《黄面志》的出版,"伦敦的夜晚变黄了",那也可以理解为,该评论者是将黄色视为"世纪末颓废"的一种象征颜色了。

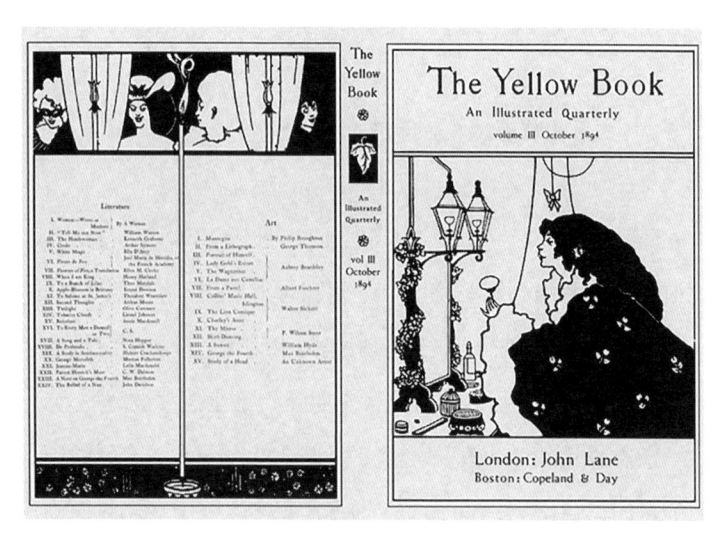

《黄面志》封面

到底这种"颓废"是何光景,可以看一个例子。在《黄面志》创刊号第 55 页,刊登了比亚兹莱那幅相当有名的作品《情感教育》(*L'Education Sentimentale*)。画面上一个体态臃肿的中年妇女拿着一张纸,似乎是在照本宣科地对女儿进行"情感教育";站在她对面的女儿体态婀娜,衣着时尚,心不在焉地向别处斜视着。这幅画确实传达出了郁达夫所谓的向道德主义一统天下挑战的叛逆气息,但比亚兹莱的表现手法,在今天看来还是相当含蓄、相当有分寸的。然而,这样的作品也不见容于当时的保守主义人士,《泰晤士报》上的评论说这幅画是"英国喧闹与法国淫秽的结合",另一家报纸说这幅画"矫揉造作毫无价值"。

比亚兹莱《情感教育》

因为比亚兹莱遭到攻击,哈兰德请了资深评论家汉默顿(Philip Gilbert Hamerton)来助阵,汉默顿在《黄面志》第2期发表评论称:

>比亚兹莱内心有特异倾向,为非道德之典型代表。在王尔德的《莎乐美》中,出现诡异可怖面孔的插图,在《情感教育》中也有两点令人不甚愉悦之处,很明显是比亚兹莱作品内涉及某种人性的腐化变调。然而在插图品质上并不完全如此,而是显示出完美的纪律、自制与深思熟虑。比亚兹莱是个天才,或许他太年轻,所以我们能够期待,当他成熟时会变换思想轨道,见到人性美好的一面。

那时的文艺评论,和今天相比,居然找不出什么学术黑话。汉默顿力图作持平之论,肯定比亚兹莱的艺术造诣,许诺他思想成熟后会变得纯正,变得更容易让人们接受。

比亚兹莱无疑是《黄面志》的灵魂人物,因而有些人认为,杂志从第5期比亚兹莱被解雇之后就失去了风采,逐渐"放弃某一运动推进者的地位,仅成为一出版社的普通杂志而已"。这种看法到底能否成立,其实也是见仁见智的。例如比亚兹莱离职后,杂志出现了"风格驳杂"的现象,但这又何尝不可以视为"风格多样化"而加以肯定呢?

《黄面志》虽然只出版了13期,前后只持续了4年,但发行量相当大，首印5000册据说5天内就售罄，很快又加印了两次。该杂志历史虽短，却在当时产生了很大影响，已经被视为英国世纪末文学运动的标志性刊物。

当然，这个世纪末的、被贴上了"颓废"标签的文学"运动"，差不多也就是在19世纪的最后十年中昙花一现。它对后来英美文学和中国文学的发展有多大的影响，其实需要更为深入细致的研究，而这种研究的必要条件，就是研读《黄面志》文本本身，这也正是此次出版《黄面志》中国影印版的文学意义和学术意义之一。

《黄面志》画家及作家群体

作为一种综合性文艺刊物，《黄面志》以刊登小说、诗歌、散文等文字作品为主，绘画作品只是其中比较小的一部分。以篇幅而论，在每期300页左右的篇幅中，绘画作品通常都不到十分之一。但是在我的初步印象中，似乎后来的人们更关注它上面不足十分之一篇幅的绘画作品。

例如，在20卷本的《不列颠百科全书》中，我们找不到《黄面志》或"比亚兹莱"的条目，但是在10卷本《大英视觉百科全书》中，就能够找到一个"比亚兹莱"的相当长的条目，而且该条目的插图就是比亚兹莱为《黄面志》创刊号所设计的海报。类似地，在艺术史类著作中找到和《黄面志》有关的论述的概率，也比在文学史类著作中大很多。

解释造成上述现象的原因，不是本文的任务，这或许是一篇博士论文的题目了——仅仅指出比亚兹莱名气很大显然是不够的，因为至少还有另一种可能：《黄面志》上刊登的小说、诗歌、散文在文学史上的地位全都不值一提，其中没有任何作品可以和比亚兹莱的画作在艺术史上的地位相提并论。但要确认或否定这种可能，就需要对《黄面志》上的各类作品进行深入的文学史和艺术史研究，而这样的研究恐怕只能俟诸异日。

这个现象还提示我们，对于一本文艺刊物来说，插图可能有着我们远远没有充分估计到的重要性。

既然如此，我就对《黄面志》做了一番笨功夫——将13期杂志的全部插图作者列了一个清单，并统计了每人的作品数量，制成下表：

绘画作者\期数	1	2	3	4	5	6	7	8	9	10	11	12	13
Sir Frederic Leighton	2图												
Aubrey Beardsley	4图	6图	4图	3图									
Joseph Penell	1图												
Walter Sickert	2图		3图	3图	2图								
Will Rothenstein	2图			1图									
Laurence Housman	1图												
J. T. Nettleship	1图												
Charles W. Furse	1图												
R. Anning Bell	1图				1图								
Walter Crane		1图											
A. S. Hartrick		1图		1图	1图								
Alfred Thornton		1图			1图	1图							
P. Wilson Steer		1图	2图	2图	3图	1图							
John S. Sargent, A.R.A.		1图											
Sydney Adamson		1图			1图								
W. Brown Mac Dougal		1图											
E. J. Sullivan		1图											4图
Francis Forster		1图										1图	
Berngard Sickert		1图											

(续表)

绘画作者\期数	1	2	3	4	5	6	7	8	9	10	11	12	13
Aymer Vallance		1图											
Philip Broughton			1图										
George Thomson			1图			1图							
Albert Foschter			1图										
William Hyde			1图	1图									
Max Beerbohm			1图								1图		
An Unknown Artist			1图										
H. J. Draper				1图									
Patten Wilson				1图	1图	2图					3图	2图	4图
W. W. Rusell				1图									
Charles Cander				1图		1图							
Miss Sumner				1图									
E. A. Walton					1图			2图					
F. G. Cotman					1图	1图						1图	
Robert Halls					1图								
Constantin Guys					1图								
Gertrude D. Hammond						1图							
Sir William Eden, Bart						1图							
Gertrude Prideaux-Brune						1图					2图		

（续表）

期数 绘画作者	1	2	3	4	5	6	7	8	9	10	11	12	13
Wilfred Ball						1图							
Fred Hyland						2图							
William Strang						2图							
Frank Bramley, A.R.A.							1图						
Henry R. Rheam							1图						
Elizabeth Stanhope Forbes							2图						
Caroline Cotch							2图						
Stanhope A. Forbes, A.R.A.							2图						
T. C. Cotch							2图						
Percy R. Craft							1图						
John Crooke							1图						
John da Costa							1图						
Fred Hall							1图						
Frank Richards							1图						
A. Tanner							1图						
Walter Langley							1图						
A. Chevallier Tayler							1图						
Norman Garstin							2图						
D. Y. Cameron								1图		2图			1图

(续表)

期数 绘画作者	1	2	3	4	5	6	7	8	9	10	11	12	13
A. Frew								1图					
D. Gauld								1图					
Whitelaw Hamilton								1图					
William Kennedy								1图					
Harrington Mann								1图					
D. Martin								1图					
T. C. Morton								1图					
F. H. Newbery								1图					
James Paterson								1图					
George Pirie								1图					
R. M. Stevenson								1图					
Grosvenor Thomas								1图					
E. Hornel								1图					
George Henry								1图					
J. Crawhall								1图					
Kellock Brown								1图					
J. E. Christie								1图					
Stuart Park								1图					
James Guthrie								1图					

(续表)

期数\绘画作者	1	2	3	4	5	6	7	8	9	10	11	12	13
John Lavery								2图					
Alexander Roche								2图					
Edward S. Harper									1图				
E. H. New									2图				
Mary J. Newill									1图				
Florence M. Rudland									1图				
H. Isabel Adams									1图				
Celia A. Levetus									1图				
J. E. Souhall									1图				
C. M. Gere									2图				
E. G. Treglown									1图				
Evelyn Holden									1图				
A. J. Gaskin									2图				
Bernard Sleigh									1图				
Sydney Meteyard									1图				
Mrs. A. J. Gaskin									1图				
Mrs. Stanhope Forbes										1图			
Katharine Cameron										1图			1图
Herbert McNair										2图			

(续表)

绘画作者\期数	1	2	3	4	5	6	7	8	9	10	11	12	13
Margret Macdonald										2图			
Frances Macdonald										2图			
Nellie Syrett										1图	封面		
Laurence Housman										1图			
Charles Conder										1图	2图		2图
Charles Robinson											1图		
Francis Howard											1图		
C. F. Pers											3图		
Ethel Reed												4图	2图
Mabel Dearmer												1图	
Aline Szold												3图	
Charles Pears												2图	
Muirhead Bone												2图	
A. Bauerle													1图
E. Philip Pimlott													1图

从这个表中可以看出不少信息,例如:

绘画作者共有110人之多,这个数量有点超出我最初的想象。从姓名上推测,其中可能有一些作者之间有着兄弟姐妹或父子叔侄之类的关系。

从表中还可以看出:比亚兹莱虽然从第5期就被解雇,但在《黄面志》110个画家中,他仍然以17幅之数高居作品数量榜首(这还未计入他为《黄面志》设计的封面、扉页和海报)。Patten Wilson以13幅居第二名,Walter Sickert以10幅居第三。有89位画家只为《黄面志》中某一期做过贡献,其中68位只贡献过一幅作品。

在《黄面志》上贡献绘画作品的,和在该杂志上发表小说、诗歌、散文的,大体上是两个群体,交集很小,当然也有少数既贡献文字作品也贡献绘画作品的,比如上表中的Max Beerbohm、Nellie Syrett等人。

关于《黄面志》这一杂志的影响,以及《黄面志》的艺术家群体,郁达夫有过一些论述。这些论述出现在《黄面志》昙花一现之后仅仅20余年,在当时的中国也要算相当得风气之先了。郁达夫比较推崇的人有比亚兹莱、亨利·哈兰德、约翰·戴维森(John Davidson)、欧内斯特·道森(Ernest Dowson)、乔治·吉辛(George Gissing)等人。虽说这些人可能分属当时文坛上的浪漫派、写实派、唯美派等,但郁达夫认为在对当时英国保守精神的攻击这一点上,他们是有共同语言的,所以才会走到一起。

郁达夫还说这批艺术家中有不少人和《黄面志》这份杂志一样属于短命夭亡："这一群少年的天才，除了几个在今日的英国文坛里，还巍然维持着他们特有的地位外，都在30岁前后，或是投身在Seine河里，或是沉湎于Absinth酒中，不幸短命死了。"考虑到仅仅在《黄面志》上发表绘画作品的就有110人，郁达夫这种说法显然是严重夸张的。

《黄面志》与比亚兹莱

比亚兹莱是《黄面志》早期的灵魂人物，他只活了26岁，在20岁出头就暴得大名，成为"新艺术"运动中引人注目的新星。

比亚兹莱出生于1872年，父亲原是珠宝商之子，但家道中落，靠做小职员谋生；母亲是军官的女儿，受过良好教育，有较好的文学艺术修养，常恨所托非人，夫妻聚少离多，感情冷淡。比亚兹莱还有一个姐姐，姐弟两人感情甚好。因为比亚兹莱从小长期只和母亲及姐姐生活在一起，有人认为他有恋母情结。

比亚兹莱16岁到伦敦一家测量公司当职员，不久转入人寿保险公司继续职员生涯，他7岁就被诊断出患了遗传自父亲的肺结核——这在当时是不治之症，也就难怪他的艺术风格会和"颓废"那么合拍了。1891年他遇到赏识者，拉斐尔前派的画家伯恩-琼斯（Edward Burne-Jones），伯恩-琼斯高度评价比亚兹莱的艺术天分，鼓励他深造并投身艺术。在伯恩-琼斯的建议下，比亚兹莱进入西敏艺术学院（Westminster School of Art）学习了很短一段时间。他的绘画技艺基本上是自学成才的。

比亚兹莱

1892年夏天，比亚兹莱去了一趟巴黎，回到伦敦后他得到了为《亚瑟王之死》（*Le Morte Darthur*）画插图的委托，共300幅插图和标题花饰，报酬为250英镑。这项委托促使比亚兹莱辞去了保险公司的职务，成为职业插图画家。

1893年，英国平面设计集大成的杂志《工作室》（*The Studio*）创刊，创刊号采用了比亚兹莱设计的封面，还刊登了他为王尔德诗剧《莎乐美》所作的 9 幅插画。比亚兹莱由此声名鹊起，那年他才 21 岁。

比亚兹莱为《莎乐美》画的插画

1894 年，《黄面志》杂志创刊，比亚兹莱任美术编辑，这是比亚兹莱成名的第二个也是最重要的舞台。他为《黄面志》设计封面和海报，还在《黄面志》最初 4 期上先后发表了 17 幅绘画作品。本来他第 5 期的封面都设计好了，但因为王尔德入狱事件的无妄之灾（详见下节），他被杂志解雇，原定在第 5 期上发表的作品全被撤下。

保罗·约翰逊（Paul Johnson）在《艺术的历史》（*Art: A New History*）中认为《黄面志》"是极端颓废派人士办的杂志"，他认为比亚兹莱成功的重要原因，是当时"新艺术"作品的魅力和印刷等新技术的结合。约翰逊说比亚兹莱的有些画作"已接近色情边缘"，他甚至相信"比亚兹莱似乎也曾画过一些色情画私下贩售"，不过他对比亚兹莱作品的总体评价是相当高的："除了少数例外，他的作品都相当不可思议，但它们毫无例外地都是第一流的作品。历史上没有几个艺术家能像他把黑白色彩表现得如此强而有力。"

贡布里希（E. H. Gombrich）在《艺术的故事》（*The Story of Art*）中这样评价比亚兹莱："从惠斯勒（James Abbott McNeill Whisler）和日本画家那里汲取灵感，以他绝妙的黑白插图在整个欧洲一跃成名。"

作家海德（C. Lewis Hind）评论说："比亚兹莱为每期《黄面志》封面和封底所作的几近轻佻的插图，我们都会因而去翻阅这个季刊。而当他的插图作品缺席时，这个季刊就变得空洞而贫乏。"而事实上，比亚兹莱一旦"缺席"，就永远从《黄面志》缺席了。

被《黄面志》解雇之后，因没有人再敢请他画插图，比亚兹莱在经济上陷入了困境。贫病交加之际，一个犹太作家拉法洛维奇（A. Raffalovich）资助了他，给他送花送巧克力，请吃饭请听歌剧。1897年2月，比亚兹莱病情加重，拉法洛维奇开始给他定期资助，达到每季度 100 英镑，这在当时是不小的数目。比亚兹莱对拉法洛维奇感激涕零，甚至在书信里称他为"恩师"，尽管从任何意义上说这个称呼都不合适。

《黄面志》与王尔德

《黄面志》还经常和王尔德的名字联系在一起，但实际上王尔德与《黄面志》的直接关系并不足以支撑起一个小节，只不过《黄面志》与王尔德有过一节"躺枪"的意外关系，而王尔德又与《黄面志》前期的灵魂人物比亚兹莱有过不少私人恩怨，所以我还是决定以"《黄面志》与王尔德"这样的小标题将它们附记于此。

王尔德与《黄面志》的直接关系非常简单：比亚兹莱曾为《黄面志》的创刊号向王尔德约过稿，但王尔德没有接受，此后也从未给《黄面志》写过稿。

事实上，王尔德不喜欢《黄面志》，1894 年 4 月《黄面志》刚一面世，王尔德就在写给他的同性恋人道格拉斯勋爵（Lord Alfred Douglas）的信中说："《黄面志》出版了，它沉闷可厌，是个严重的失败。"而在另一个传说中，王尔德有一次买了一本《黄面志》准备旅途消遣，但没看几页，就将它从车窗扔了出去。

而《黄面志》常被人们与王尔德的名字联系在一起，其实纯属"无妄之灾"。1895 年 4 月 5 日晚，王尔德因同性恋罪名被捕，当被带离所住旅馆时，他问警察能不能带一本书去看，警察同意了，王尔德就顺手拿了一册黄色封面的书走。不料第二天报纸上的八卦新闻出现了耸人听闻的大标题："王尔德被捕，胁下夹着《黄面志》"。那时同性恋是要治罪的，王尔德又是大名人，而且他大胆高调的同性恋风波此前已经闹得沸沸扬扬，公众的"义愤"就此指向了《黄面志》。第二天，《黄面志》出版商的办公室玻璃窗就被外面聚集的民众投掷石块砸碎。这一事件又导致《黄面志》解雇了比亚兹莱。

后来人们知道，其实王尔德被捕那天带走的黄色封面的书并不是《黄面志》，那本书现在已经被考证出来，是法国作家路易（Pierre Louys）的小说《阿芙洛狄特》（*Aphrodite*，1896）——据叶灵凤说这书也有中译本，就是曾朴译的《肉与死》。

那么王尔德被捕，《黄面志》无辜受牵连，为什么会导致比亚兹莱被解雇呢？这就要从比亚兹莱和王尔德的恩恩怨怨说起了。

大约是1891年7月的某日，在伯恩-琼斯的画室，比亚兹莱首次遇见王尔德。不幸的是，此后他们之间的几次交往，都以不愉快的结局收场。

先是王尔德的诗剧《莎乐美》的翻译。这部诗剧原是以法文写的，王尔德的同性恋人道格拉斯主动提出由他来译成英文，王尔德同意了。但王尔德见到译文后很不满意，这时比亚兹莱自告奋勇由他来英译。谁知等比亚兹莱译好了，王尔德又改了主意，最终还是用了道格拉斯的译本。比亚兹莱白忙一场，自然很不高兴。

这部《莎乐美》仿佛和剧中的邪恶故事一样，制造出种种不和。出版商委托比亚兹莱为《莎乐美》的英文版作插画，比亚兹莱接受了。那时王尔德的名声已经如日中天，比亚兹莱因这项委托而能与王尔德的名字联系在一起，还是很乐意的。不料插图版《莎乐美》大获成功，比亚兹莱也因此开始出名，而且很多人只关注《莎乐美》的插画，搞得这部王尔德的名作在许多人口中成了"比亚兹莱的《莎乐美》"，王尔德甚至说"我的文字已经沦为比亚兹莱插画的插画"。如此喧宾夺主，让王尔德心中大为不快。偏偏王尔德又不喜欢比亚兹莱《莎乐美》的画风，认为"它们太日本化了，而我的剧本是拜占庭风格的"。

这场本来在世人看来不啻"珠联璧合"的合作，虽然又以两人之间的不愉快收场，但比亚兹莱的名字已经和王尔德紧紧联系在一起了。这就是两年后王尔德被捕时，一段报纸上"王尔德被捕，胁下夹着《黄面志》"的不实报道导致《黄面志》无辜受累，居然会让比亚兹莱被《黄面志》解雇的原因。

到了1897年，《黄面志》也黯然落幕了。此时比亚兹莱受拉法洛维奇的资助，在法国养病。这年5月19日，王尔德刑满释放，当晚就动身去了法国，谁知恰巧住进了比亚兹莱所住的旅馆。这时的王尔德已经成了"臭名昭著"之人，许多人都躲着他，当然也有对他非常热情的，比如《黄面志》作者群中的诗人道森。

当比亚兹莱和王尔德相遇时，他们勉强打了招呼。王尔德邀请比亚兹莱几天后一起吃饭，比亚兹莱接受了邀请，到了时候却爽约不赴。这让王尔德十分恼火，说比亚兹莱"太卑怯了……这样一个小年轻，一个我让他成名的人！"而比亚兹莱之所以表现得如此"薄情寡义"，据推测与拉法洛维奇有关——他是王尔德的死敌，此时又是比亚兹莱的资助者，比亚兹莱为了不影响资助，不得不与王尔德"划清界限"。他在一封致拉法洛维奇的信中说："某个讨厌的人住了进来，我也担心（再在这个旅馆）住下去会发生一些令人不快的纠葛。"几天后，比亚兹莱搬出了这家旅馆。

1897年4月，《黄面志》出版最后一期，共出13期。

1898年3月16日，比亚兹莱病逝，终年26岁。

1900年11月30日，王尔德去世，终年46岁。

The Yellow Book，华东师范大学出版社，2017年，定价：4940元（全13册）。

（原载《上海书评》2017年5月4日）

理查·伯顿译注《一千零一夜》中国影印版序

为理查·伯顿译注《一千零一夜》中国影印版写序,我首先面临一个问题:到底是以理查·伯顿为主,还是以《一千零一夜》为主?

以伯顿为主的理由是,《一千零一夜》在中国早已家喻户晓,伯顿其人则一般公众所知不多;以《一千零一夜》为主的理由是,这个英译本和中国已经出版过的任何《一千零一夜》版本都大异其趣。

反复考量下来,我最后决定折中兼顾,冒险而行——既冒着老生常谈的风险谈谈《一千零一夜》其书,也冒着班门弄斧的风险谈谈伯顿其人。

从一个故事看版本的复杂

《一千零一夜》是一部很早就引起我困惑的书。

我少年时代读过编译性质的少儿版《一千零一夜》或《天方夜谭》，内容早已不复记忆。我拥有的第一个比较像样的《一千零一夜》版本是纳训译本，人民文学出版社1982年版，共6册3274页，是从阿拉伯文直接译出的。

全书开头第一篇"国王山鲁亚尔及其兄弟的故事"是整个故事的缘起，任何人都不可能忽略。在纳训译本中我读到，国王沙宰曼出远门去看望在别国为王的兄弟，忽然想起忘了拿东西，就回宫去取，结果看到"王后正跟乐师坐在一起弹唱、嬉戏"，沙宰曼的反应是"宇宙霎时便在他眼前变黑了。……于是拔出佩剑，杀了王后和乐师"。

我当时就有点困惑：你自己出远门了，王后和乐师弹弹琴唱唱歌又怎么了？至于宇宙变黑吗？至于为这点事就杀人吗？

我怀着困惑继续往下看，沙宰曼到了他兄弟山鲁亚尔国王宫中，某一天山鲁亚尔国王出宫打猎，在宫中做客的沙宰曼看见20个宫女和20个奴仆，"王后也在他们队中，打扮得格外美丽"。他看见王后和宫女、奴仆们"缓步走到喷水池前面坐下，又吃又喝，唱歌跳舞，一直玩到日落"。这番在我当时看来挺正常的景象，让沙宰曼感到"我的患难比起这个来，实在不算什么！"——沙宰曼的"患难"就是看见自己的王后和乐师弹唱、嬉戏。沙宰曼犹犹豫豫地将此事告诉了兄弟山鲁亚尔国王，于是山鲁亚尔国王伪称出猎，躲在宫中和兄弟一起再次见到了那天王后和宫女、奴仆们在喷水池边的景象。这回看来他们的宇宙更加黑暗了，因为两位国王连杀人的勇气也没有了——他们五雷轰顶，万念俱灰，感觉"没有脸面再当国王了"，居然就此抛弃王位，一同浪迹天涯了！

这回我的困惑当然更为厉害了。自己的王后和乐师、宫女、奴仆一起吃喝或弹琴唱歌，为什么会是如此严重的事情，以至于可以让国王怒火中烧地杀人，还可以让他们自感没脸再当国王，立马抛弃王位自我放逐呢？

16 年后，另一个版本的《一千零一夜》放上了我的案头，这回是李唯中的译本，花山文艺出版社 1998 年版，共 8 册 4261 页，护封上标有"善本全译"字样，是从权威的阿拉伯文版译出的。我想起 16 年前的困惑，赶紧细看这个版本开头的"国王舍赫亚尔兄弟"一章，这下当年的困惑顿时冰释。

原来国王沙赫泽曼（即纳训译本中的沙宰曼）回宫取物时看到的景象是这样的："王后正在他的床上，躺在一个黑奴的怀抱之中……"这就难怪他要赫然震怒，"将那一男一女斩杀在床上"了。而两兄弟在国王舍赫亚尔（即纳训译本中的山鲁亚尔）宫中所见喷水池边的景象，竟是"应声走过去一个黑奴，上前拥抱王后，继之二人紧紧搂抱在一块儿，云雨起来……如此这般，直到夕阳西斜，黄昏将至"。这就难怪两兄弟万念俱灰，立马抛弃王位自我放逐了。

我不厌其烦地回顾上面这段公案，是想用个案来说明一个问题，即《一千零一夜》的版本极为复杂，据李唯中说仅编译的少儿版就超过80种。而各种版本的文字出入甚大，比如纳训译本3274页，而李唯中译本达4261页——两书开本相同，但前者竟少了近1000页，这1000页的篇幅，得删掉多少类似第一篇中的情节啊！大量的删节，搞得连一些故事的基本情节都变得难以理解了。

关于《一千零一夜》中的故事

至于《一千零一夜》本身，在这篇序中似乎已经无须再说什么。对于那些"阿拉伯文学中的瑰宝""在世界文学史上的意义"之类老生常谈的话题，我也没有什么新见解需要补充。只有一个问题，鄙意以为或许还值得略谈数语。

以往国内出版社出版《一千零一夜》或《天方夜谭》时，为了强调是在将一种有价值的外国文学作品介绍给国人，通常都如出一辙地正面介绍其中故事的生动、智慧、美妙、想象力丰富等，所举之例当然不外"阿里巴巴和四十大盗""水手辛巴达""阿拉丁神灯"这些脍炙人口而且已被反复搬上银幕的故事。

在这类介绍中，以我所见，无一例外都对另一个事实缄口不言，即书中大大小小嵌套着的故事中，其实也有不少是平淡无奇或乏善可陈的，有的是比喻意图过于明显，有的是说教色彩过于浓重。对这一事实缄口不言，当然是怕冲淡了读者对此书的兴趣。尽管从学术的角度来说，如此"隐恶扬善"并非严谨的态度，但介绍适合大众阅读的文学作品时，不拘泥于学术上的严谨，也无可厚非。

然而，现在这个理查·伯顿译注本所服务的读者对象，当然都是有学术修养和历史情怀的学术界人士，至少也是"学术票友"，非一般读者可比。对于这样的人士来说，告诉他们书中的故事并非个个精彩，丝毫不会影响他们披阅这个版本的兴趣——他们本来就不是奔着看几个精彩故事来的，那些故事他们应该早就耳熟能详了。

对于这样的读者来说，理查·伯顿在《一千零一夜》译本中所加的大量脚注，以及后面几大卷的"补遗"，才是特别吸引人的内容。阅读这些内容时，故事是否精彩已经完全无关紧要了——事实上，这时故事所起的只是类似"药引"的作用。这恐怕只有我当年阅读霭理士（Havelock Ellis）《性心理学》（*Psychology of Sex: A Manual for Students*）的潘光旦译注本时的光景，差能近之。

关于《一千零一夜》的伯顿译注本及其学术价值

读者手中的这个《一千零一夜》译注本（*The Book of the Thousand Nights and a Night*）据说是理查·伯顿穷 30 余年之功，从 1852 年开始，直到 1888 年才最终完成的。凡 17 卷，每卷卷首皆有"伯顿俱乐部印行，仅供私人用户"字样。前10卷为正文，第10卷末还附有研究论文，后7卷被伯顿称为"补遗"（*Supplemental Nights to the Book of the Thousand Nights and a Night*）。全书于1885—1888年印行完成。

这里先要澄清一个枝节问题：在关于理查·伯顿的史料中，他的《一千零一夜》译注本有时被说成16卷，有时被说成17卷，事实上这两种说法都没错——"补遗"部分的分卷序号是到6卷，这是16卷的依据，但"补遗"的第3卷又被分成了上下两卷（上卷至304页，下卷页码从307开始，可以理解为标题页和卷首插图分别占了第305、306页），这是17卷的依据，本文从之。

相传伯顿靠这个《一千零一夜》译注本挣了1万畿尼，成为他挣的第一笔大额稿费，而经过删节的《一千零一夜》家庭版"的销售则乏善可陈。

不过，研究阿拉伯史的权威希提（Philip K. Hitti）认为，"伯顿的译本是以佩恩（John Payne）的译本为蓝本而加以润色的，只有诗句是伯顿自己译的"。希提认为"佩恩的译本是最好的英语译本"，但伯顿的译本"力求更能表达原本的东方风格"。

在这个英译本的大量脚注中，伯顿放进了他多年收集的各种相关材料，包括性爱、生育、阉割、割礼、避孕、春药等，五花八门，丰富多彩。

伯顿在这个译注本中所做的这番功夫，在西方学术传统中渊源有自。这实际上和从希腊化时期，经过中世纪，直到文艺复兴，在西方历史上大量出现过的经典作品的评注本，至少在风格上是一脉相承的。

再进而言之，这种传统甚至在中国古代学术史上也能找到踪迹——乾嘉学人对前人经典作品所进行的大量笺注、疏证等工作，和西方历史上的评注本，以及伯顿的《一千零一夜》译注本，至少在风格上也是有相通之处的。

理查·伯顿的传奇人生

理查·伯顿（Sir Richard Francis Burton，1821—1890）颇富传奇色彩，其人其事其书，生前身后，国内国外，都颇多争议。

理查·伯顿外表有点像东方人，这一点被认为"对维多利亚时代的小姐们有一种难以形容的吸引力"："他那突起的颧骨使他看来像个阿拉伯人，那双吸引人的眼睛又像吉普赛人那样带着阴郁……从他的脸上找不到什么漂亮的地方，却反映出一种惊人的兽欲、一种压抑的残暴和魔鬼般的魅力。"照欧文·华莱士（Irvin Wallace）的说法，伯顿太太，一位出身名门的美女，当年就是被伯顿的眼睛迷住的。他们拍拖了五年才订婚，伯顿太太后来说："我希望我是男人，要真是的话就当理查·伯顿；可惜我是个女人，只好当伯顿太太。"

伯顿太太可不是好当的。因为伯顿相信"禁欲是纯粹的罪恶",在他心目中,多配偶才是"本能的自然法则",所以他从年轻时起就"喜欢淫荡的生活",中年时又对美国实行多妻的摩门教心往神驰,甚至专程去了一趟盐湖城。而且他勇于探险,热衷远游,夫妻难免聚少离多。况且他还是个双性恋者,更兼天赋异秉极为有才。遇到如此自称已经"触犯了十诫中每一诫"的风流才子兼无行浪子,一般女子如何消受得起?不整天以泪洗面才怪。

在《不列颠百科全书》中,理查·伯顿的头衔是"英国杰出的学者、探险家和东方学家",他作为探险家载入史册的勋业有三项:第一项是"第一位发现非洲坦噶尼喀湖的欧洲人";第二项是"考察索马里兰穆斯林的禁城";第三项就相当奇怪了,是"穿过不开放的麦加和麦地那城"——他化装成穆斯林才完成了这项侵犯当地主权、冒犯当地宗教尊严的"勋业",伯顿身上那种勇于冒险、敢于作奸犯科违法乱纪的浪子本色在此事上表露无遗。当然,作为学者,他此行也留下了《麦地那和麦加朝觐记》,被认为"不仅是一部杰出的冒险记事,也是对穆斯林生活和礼仪等的经典论述"。

理查·伯顿颇有语言天赋,1840 年进入牛津大学三一学院之前,已经通晓法语、意大利语、希腊语和拉丁语,以及至少两种欧洲方言。不料入学两年,他就因违反校规被牛津大学开除,于是进入英军在印度的孟买步兵团,任步兵少尉。他在印度生活了八年,学会了印地语、马拉塔语、信德语、旁遮普语、泰卢固语、普什图语、木尔坦语、古吉拉特语,还熟练掌握了梵文、阿拉伯语和波斯语。伯顿总共通晓 25 种语言,如果算上方言的话,总计超过 40 种语言。

伯顿在印度期间迷恋上了东方文化,虽然他游历多方,但他的思维方式被认为是东方式的。他一生总共出版了探险游记 43 卷,译作约 30 卷。中国自古有"读万卷书,行万里路"之语,伯顿可谓近之矣。但他最著名的著述,通常认为还是他译注的《一千零一夜》。

1886 年,英国女王为表彰理查·伯顿"服务于帝国"的贡献,授予他圣米格尔及圣乔治二等爵士勋位,遂得在姓名前冠以"Sir"字样。四年后伯顿在的里雅斯特(Trieste,今属意大利,当时属奥匈帝国)逝世。

理查·伯顿与古代性学经典

理查·伯顿晚年和友人组织了"爱经圣典协会"(Kama Shastra Society)。这个协会有一个梵文名字,还有一个虚构的总部——从来没有人知道它究竟坐落于何处。

1883 年,爱经圣典协会刊行了由理查·伯顿翻译的印度《爱经》,即《印度爱经》或《欲经》;因书名(*Kama Shastra*,有时也拼写成 *Kama Sutra*)的发音,又被称为《伽摩经》《迦玛经》等。作者筏磋衍那(Vatsyayana),后人对他的生平几乎一无所知，只知道他生活于公元1世纪至6世纪之间。《爱经》英译本初版书名是《译自梵文的筏磋衍那爱经》，并有版本说明"科斯莫波利斯，1883，仅供伦敦和贝拿勒斯的爱经圣典协会非公开发行"等字样。

1886年，爱经圣典协会又刊行了由理查·伯顿整理翻译的《香园》(*The Perfumed Garden*)——当时的书名是《酋长的芳香花园，或16世纪阿拉伯人的爱之艺术》。这是目前西方最权威的英译版本，不但内容齐全，且就此书的来龙去脉做了详尽的介绍，对于性学或文化研究者来说，尤有重要意义。伯顿表白自己翻译《香园》的初衷时说：原因只在于该书引言中的一句话——这句话也许道出了理查·伯顿自己的心声：

> 我对真主发誓，毫无疑问，这本书中的知识是必要的。只有可耻的无知之辈、所有科学的敌人才会对之无动于衷，或冷嘲热讽。

理查·伯顿还翻译了《欲海情舟》(*Ananga Ranga*，又名《爱之驿》)，原作由诗人库连穆尔（Kullianmull）编写，据说是用以讨好阿赫姆德·洛迪（Ahmed Lodi）之子拉克罕（Ladkhan）的——人们认为他是公元1450—1526年统治印度的洛迪家族的成员或亲戚。《欲海情舟》应成书于15—16世纪。此书可视为《爱经》的升华本，是在后者的基础之上加以概括而形成的，因而被认为具有较高的理论性。

此次影印的理查·伯顿译注本《一千零一夜》，或许是爱经圣典协会印行的古代经典中最重要的一种。此外，爱经圣典协会还刊行了一些与性爱有关的书籍。

伯顿太太的焚书和伯顿的身后是非

理查·伯顿在《一千零一夜》和《香园》等书的翻译上花了大量心血，给后人留下了一笔重要的文化遗产。但是他死后，伯顿太太虽然接受了6000畿尼的《香园》稿费，却将伯顿的《香园》译稿焚毁，并且连同伯顿的日记、笔记和其他译稿，全部付之一炬。她为自己这种疯狂行为辩护，说这样做是为了"让理查·伯顿的名誉永远无瑕疵地存在"。也就是说，伯顿太太认为，伯顿对这些性爱经典的研究和翻译都是有损他名誉的。周作人评论此事说：伯顿太太"这样凶猛地毁灭贵重的文稿，其动机是以中产阶级道德为依据"。

伯顿在《爱经》英译本序中说：

> 当大众忽视一门学科的知识，把它们当作难以理解或根本不值得考虑的问题时，完全的无知已经非常不幸地毁掉了许许多多的男女。

事实上，关于情爱的知识与情爱本身一样重要，只有通过性与爱的教育，才可能有美好的生活。罗素（Bertrand Russell）曾有"美好的生活由爱而激发，由知识而引导"之语，正是此意。而从理查·伯顿翻译的几种性学经典来看，它们都能够坦然地讨论、研究性和性爱，而不搞那些遮遮掩掩、假装正经的把戏。

周作人对《香园》以及理查·伯顿翻译这些作品时所表现出来的大胆和率真十分欣赏，在谈到《香园》时曾大发议论：

> 中国的无聊文人做出一部淫书，无论内容怎样恣肆，他在书的首尾一定要说些谎话，说本意在于阐发福善祸淫之旨，即使下意识里仍然是出于纵欲思想，表面上总是劝惩。

在周作人看来，《爱经》《香园》等作品，其中有些内容和中国古代房中术有相似之处，但它们完全没有"选鼎炼丹、白昼飞升"等荒唐思想，所以周作人的结论是：

> 因此感到一件事实，便是中国人在东方民族中特别是落后，……中国人落在礼教与迷信的两重网里（虽然讲到底这二者都出萨满教，其实还是一个），永久跳不出来。

不过，周作人有他自己的知识局限，他对于中国古代房中术理论,有相当严重的误解,因为在主流的同时也是历史最久远的中国经典房中术理论中,本来就没有"选鼎炼丹、白昼飞升"等荒唐思想(这些属于较晚出现的支流)。而在今天看来,周作人的上述感叹则是严重缺乏文化自信的。比如伯顿译注《一千零一夜》中国影印版的印行,本身就是"跳出来"的表现之一。

理查·伯顿的这些翻译工作,连同他的大量其他作品,包括游记之类,因为都表现出对性的强烈兴趣,难免让卫道之士暗暗皱眉甚至义愤填膺;他还被牵涉进一些关于同性恋的指控中,这些在他生前曾给他带来不少麻烦。不过,总体来说,还算有惊无险,伯顿的晚年是在财富和荣誉的簇拥下度过的。

Richard Burton: *The Book of the Thousand Nights and a Night*,上海大学出版社,2019年,定价:7800元(全17册)。

(原载《上海文学》2018年第8期)

萨顿《科学史导论》中国影印版序

萨顿其人

乔治·萨顿（George Alfred Leon Sarton，1884—1956），出生于比利时的根特，其父为工程师，还是比利时国家铁路公司的负责人。萨顿18岁入根特大学哲学系，却因不符合自己的兴趣而辍学，20岁再入根特大学，改为进入科学系，7年后（1911年）在根特大学获科学博士学位。

第一次世界大战爆发，德军入侵比利时，萨顿经荷兰逃往英国，在伦敦为英国陆军部工作了一小段时间，但战乱之中，无法实现他的理想。

1915年萨顿去到美国，1916年哈佛大学与萨顿签约请他讲授科学史，但一年期满后未能续约。1918年萨顿获任卡内基协会（Carnegie Institution）研究员，1920年起再次在哈佛大学任教，20年后（1940年）他终于成为哈佛大学教授，1951

年从哈佛退休,成为"荣誉退休教授"(professor emeritus)。1956年他因心力衰竭猝然离世,享年72岁。

有文献认为萨顿掌握了14种语言,英语自不待言,他掌握的语言还包括法文、德文、希腊文、拉丁文、荷兰文、瑞典文、意大利文、西班牙文、葡萄牙文、土耳其文、希伯来文、阿拉伯文,最后还有中文。当然,掌握的程度肯定参差不齐。他的大部头著作都是用英文写的,但是他确实可以用多种语言书写信件。

人们普遍认为萨顿在哈佛创建了科学史学科。1936年哈佛大学设立了科学史学科的哲学博士学位。但实际上,真正由萨顿指导而获得博士学位的仅有两人,其中较为知名的一位是柯恩(I. Bernard Cohen,1947年获博士学位),他后来成为萨顿在哈佛的继任者。

1912年萨顿创办《伊西斯》(Isis)杂志,自任主编40年。该杂志被认为是第一份科学史杂志,后来在美国成为科学史协会的机关刊物。但杂志在财务上长期亏损,萨顿每年都要从自己的薪水中拿出钱来补贴杂志。1936年萨顿又开始出版《伊西斯》的姊妹刊物《奥西里斯》(Osiris)。该两刊名皆来自埃及神话,奥西里斯和伊西斯系兄妹相婚之神。

萨顿被称为"科学史之父",应属当之无愧,因为科学史在他手中终于成为一个独立的学科。现今国际上最权威的科学史学术刊物《伊西斯》杂志是萨顿创办的,科学史协会很大程度上也是因萨顿而成立的(1924年)。通过在哈佛大学数十年的辛勤工作，萨顿终于完成了——至少是象征性地完成了——科学史学科在现代大学的建制化，例如设立科学史的博士学位、任命科学史的教授职位等。

萨顿的重要著作

萨顿最重要的著作就是《科学史导论》(*Introduction to the History of Science*)，即此次所影印者。原计划非常宏大，据萨顿在该书"导言"中所述，他规划中的著作包括三大系列，《科学史导论》属于其中的第一系列，该系列应该有七到八卷。但实际上《科学史导论》仅出版了三卷，共五册（第一卷一册，第二、三卷各两册），各册出版年份依次为：1927、1931、1931、1947、1948。论述的时间起于公元前9世纪，止于公元14世纪。

非常奇怪的是，在《科学史导论》出版了三卷之后，萨顿似乎没有继续努力以竟全功，却转向了另一个同样宏大的写作计划《科学史》(*A History of Science*)。不幸的是这个宏大的计划也只完成了两卷：《希腊黄金时代的古代科学》(*A History of Science, Ancient Science through the Golden Age of Greece*, 1952)、《希腊化时期的科学和文化》(*A History of Science, Hellenistic Science and Culture in the Last Three Centuries B.C.*, 1959)。这两卷如今都已有中译本（鲁旭东译，大象出版社，2010、2012）。

萨顿为何中断《科学史导论》的写作，转而启动《科学史》的写作计划，至今缺乏令人满意的解释。在《希腊黄金时代的古代科学》的"前言"中，萨顿倒是在第一个段落就谈到了这个问题：

> 多年以前，在我的《导论》第1卷出版后不久，有一天，当我穿过校园时，我遇到了我以前的一个学生，我邀请他到哈佛广场的一个咖啡厅去喝咖啡。稍微犹豫了一下后，他对我说："我买了一部您的《导论》，可是我从来没有这么失望过。我记得您的那些讲座，它们都生动活泼而且丰富多彩，我希望在您的这部大作中看到它们有所反映，但是我只看到了一些枯燥的陈述，这真让我扫兴。"我尝试着向他说明我的《导论》的目的：这是一部严肃的、一丝不苟的著作，它的大部分根本不是打算供读者阅读用的，而是供读者参考的。最后我说："也许我能写出一本更让你喜欢的著作。"

如果萨顿真的因为这个学生的意见而中断了《科学史导论》的写作，转而开始撰写《科学史》，似乎是难以想象的。一种可能的情况是：这个学生对《科学史导论》的"失望"感觉，同时也是《科学史导论》出版商的感觉。而先出版较为畅销的著作，获得更为广泛的社会声誉，然后就有望带动纯学术著作的出版，是出版商比较容易说服学者的策略之一。毕竟萨顿并没有预料到自己会那么早去世。

另外，2006年是萨顿去世50周年，当时由创建了中国第一个科学史系的上海交通大学出版了江晓原、刘兵主编的"萨顿科学史丛书"（上海交通大学出版社，2007），包括五种著作：萨顿的《科学史和新人文主义》《科学的生命》《文艺复兴时期的科学观》《科学的历史研究》和刘兵的《新人文主义的桥梁》。前四种萨顿的原著，基本上能够较为全面地反映萨顿的思想、观点和学术路径，第五种是刘兵解读萨顿的著作。

《科学史导论》的理念

萨顿在哈佛广场咖啡厅对那个学生的解释，确实也是实情。事实上，在《科学史导论》的"导言"中，萨顿一上来就告诉了读者应该如何使用这部巨著：

> 使用这部著作的最好方法，是阅读这章"导言"和以后各章的第一节。只有当为了满足好奇心，或为了找到一个具体问题的答案时，查阅其余部分才可能是必要的。

也就是说，《科学史导论》这部书的绝大部分，不是供人"阅读"的，而是供人"查阅"的。难怪那个学生会感到失望。

对于科学，萨顿做了一个大胆的、简洁的定义：科学就是"体系化了的实证知识"。他还认为："实证知识获得体系化，是人类唯一真正的积累和进步。"因为在萨顿看来，人类的许多知识是无法积累乃至无法进步的，但是科学可以积累并进步。

对于科学、神学、宗教三者的关系，萨顿有一些相当大胆的看法：

> 直到近代以前，神学一直都是科学的一个内在组成部分。不仅如此，就大多数人的看法而言，所有其他科学以前都是从属于神学的。
>
> 神学既是科学的内核又是宗教的支柱。因此，科学和宗教是不可分的，我们不能指望只理解其中一个而不理解另一个。
>
> 要养成在永恒的光辉中思考事物的习惯。这样一种宗教态度也是一种科学的态度。……纯宗教的基本训练难道不是与科学的基本训练完全一样吗？

所以他在书中不回避对神学和宗教的讨论，但是他基本回避了对政治、经济和艺术史的讨论，因为他认为没有必要。

萨顿还认为，在书中"勾画出某些伪科学的发展轮廓是必要的"，他列举的伪科学包括星占学、炼丹术、看相、释梦等。他还指出：把一门伪科学和一门见解正确但尚不完善的科学区别开来并不总是容易的事，在有些情况中几乎是不可能的。萨顿的这个结论和科学哲学家论证的结果完全一致。

萨顿对科学和自然界的"统一性"（unity）持有信念。他坚信"科学是统一的"。他认为"自然界的统一性""科学的统一性""人类的统一性"都是不证自明的，这三种"统一性"其实只是同一种"统一性"的三种不同面相而已。而科学的历史被他看成是人类"统一性"的历史。

总体而言，萨顿对《科学史导论》是相当自负的，他这样表示："我的这部《科学史导论》，可以毫不夸张地说，是人类文明的首次概观。"可惜的是，一部让他如此自负的鸿篇巨制，在 20 年时间里只完成了 3 卷，而且后来还中断了写作。

大发宏愿的年代

20 世纪上半叶，堪称是一个大发宏愿的年代。

那时，阿诺德·汤因比（Arnold Toynbee）开始写他的鸿篇巨制《历史研究》（*A Study of History*，全 12 卷，1961 年出齐）；威尔·杜兰特（Will Durant）也已经发愿要写《世界文明史》（*The Story of Civilization*，全 11 卷，1968 年出齐）。

与此类似的是李约瑟的《中国的科学与文明》（*Science and Civilization in China*）——这是他原书的正式书名，但他请朋友在扉页上题写的中文书名是《中国科学技术史》，国内一直使用后者,现已约定俗成。李约瑟开始写此巨著的时间,与萨顿开始写"1900年之前的全部科学史"(即《科学史》)约略相同,都在40年代。《中国的科学与文明》第一卷出版于1954年,与萨顿《科学史》第一卷(1952)的出版也仅差两年。

要说这两部书的命运,李约瑟的似乎好一点。他的写作计划在实施过程中不断扩大,达到七卷,数十个分册,到他1995年去世时,已出版了约一半。当然,李约瑟的工作条件应该说也比萨顿好,特别是他先后得到大批来自各国的学者的协助,其中最重要的无疑是和他有特殊关系的鲁桂珍。来自鲁桂珍的帮助不仅是事功上的,而且还是心灵上的、精神上的,这样的条件恐怕是萨顿所不具备的。

汤因比和杜兰特的两部巨著,按理说题目更为宏大,写作条件也相对要艰苦些,却都在作者生前顺利完成。而稍后萨顿和李约瑟的两部巨著,主题相对小些(当然仍是非常宏大的),条件也可能更好些,却都在作者归于道山时远未完成。这难道是纯粹的巧合?还是背后另有更深刻的原因?

今天的人们,物质生活越来越富裕,窗外有百丈红尘,种种诱惑越来越剧烈,许多人被名缰利锁越牵越紧,每日的步履越来越匆忙,在物欲深渊中越陷越深,离精神家园越来越远。我们可以看到,随着时间的流逝,宏大主题的鸿篇巨制是越来越少了。作者懒得写,读者也懒得读了。

汤因比也好,李约瑟也好,他们在晚年都已经看到了这种局面，所以不约而同地为自己的巨著编简编本，以便提供给"一般公众"阅读。《历史研究》有汤因比自编的简编本（上海人民出版社，2000、2005）和萨默维尔（Dorothea Grace Somervell）为他编的简编本（上海人民出版社，2016），它们都有了中译本。虽然只是简编本，在今天看来也已经是"巨著"了！李约瑟和剑桥大学出版社则请罗南（Colin A. Ronan）将李氏巨著改编成简编本，李氏和罗南俱归道山，后中译本定名《中华科学文明史》，由江晓原策划，上海交通大学科学史系翻译（上海人民出版社，五卷本2003年出齐，后数次再版，皆改为上下册）。

萨顿的宏愿其实比汤因比、杜兰特、李约瑟都更大。在《科学史导论》的"导言"中，他概述了他的著述宏愿，规划三大系列：

第一系列："一个纯粹按年代排列的概述"（即《科学史导论》），计划七到八卷，最终出版了三卷。

第二系列："各种不同类型文明的概述"，计划七到八卷，未能实施。

第三系列："各门科学发展的概述"，计划八到九卷，未能实施。

这三大系列，至少已将汤因比和李约瑟的宏愿都涵盖了。萨顿在概述了这三大系列之后感叹说："天晓得我自己能够写出或编出多少卷来。即使我找到足够多的合作者，我也不敢指望完成这三个系列。"

萨顿的宏愿虽远未完成,但他一生留下了 15 部著作,还有 340 多篇论文和札记,79 份详尽的科学史重要研究文献目录,已经蔚为大观。我们知道,出版、翻译这类学术著作,也要大发宏愿才行。

大发宏愿的年代,也许已成过去,但是,让我们怀念这样的年代吧。

George Sarton: *Introduction to the History of Science*,上海三联书店,2021 年,定价:5800 元(全 5 册)。

(原载《中华读书报》2021 年 4 月 28 日)

《知识大融通》：英勇游击队能不能征服世界？

许多被尊为大师的人，到了晚年都会受到这样的诱惑：写一本"凝结毕生智慧"的、宏大叙事风格的"传世之作"。他身边的学生、仰慕者、出版商等会对他说："只有您才写得出这样的书""这是您的义务""您理应为我们的世界留下一些东西"……诸如此类的甜言蜜语，很难让一个老头经受得住——哪怕是一个非常睿智的老头。

我一直很喜欢看这种书，尽管我这样做的动机并不纯洁。我通常是抱着某种"坐山观虎斗"的心态，想看大师们如何展示毕生绝学。

通常，睿智的大师们修炼到了晚年，早已臻于正大平和的神仙境界，岂能轻易让自己陷于"虎斗"的窘境？但是，如果书真的写出来了，而且出版了，那读者就要比较，所以对大师们而言，考验还是难以避免的。

现在，大师爱德华·威尔逊（Edward O. Wilson）上场了。

威尔逊和牛顿、爱因斯坦

他的《知识大融通：21世纪的科学与人文》(*Consilience: The Unity of Knowledge*)，被认为是凝聚了他毕生的智慧，有着极为宏大的抱负——重启启蒙运动中的知识统一论。而且这种抱负被向上追溯到费曼（R. P. Feynman）、爱因斯坦和牛顿。

这样的追溯，真有点居心叵测，顿时就将威尔逊置于险地了。

我们知道，大师晚年写宏大论著，总要有自己的专业知识作为支撑，就好比亚历山大大帝纵横天下，也总得有个马其顿王国作为出发的根据地。如果因该书而将威尔逊置于某种和牛顿、爱因斯坦一脉相承的传统中，那么牛顿和爱因斯坦的马其顿，都是公认的"精密科学"——物理学，而威尔逊的马其顿，则是相对不那么精密的生物学。

如果我们继续延用"马其顿"这个比喻，那么至少在理论上，物理学就好比希腊的重装步兵，甲坚兵利，阵形齐整，而生物学看起来就有点像啸聚山林的游击队，装备参差，队形散乱。这样的比喻并非完全出自我的个人偏见，有些科学大师也有此意，例如史蒂芬·霍金——他在回忆录《我的简史》(*My Brief History*)中居然说："对我而言，生物学似乎太描述性了，并且不够基本，它在学校中的地位相当低。最聪明的孩子学数学和物理，不太聪明的学生物学。"

我们当然没有必要在这里比较霍金和威尔逊谁更"聪

明"——其实将威尔逊和霍金做个比较,倒是比将威尔逊和牛顿或爱因斯坦相提并论要更为靠谱,也更有意义,不过这且待下文。这里我的意思只是说,如果将威尔逊比作亚历山大大帝,那么我们应该知道这位大帝统帅的军队并非装备精良训练有素的重装步兵,所以从这个角度来看,他远征世界需要更多的勇气和技艺。

那么,接下来的问题就是:威尔逊这位亚历山大大帝,他在知识世界的远征成功吗?他打下了多大的江山?

平心而论,威尔逊的征服欲望,比起牛顿和爱因斯坦来,非但毫不逊色,简直可以说是有过之而无不及——这也难怪,"启蒙运动中的知识统一论"在牛顿时代尚未问世,到爱因斯坦时代又已经过气了。

不过,威尔逊虽然雄心万丈,却仍然相当有节制。对于驻马远方的另外两位大帝——牛顿和爱因斯坦,威尔逊明显心存敬畏。对于他们身后的马其顿王国,他小心翼翼不去犯界,因为他知道那里有重装步兵,不是他的军队敢与争锋的,所以他在全书中几乎从未谈到天文学和物理学。

但是除此之外,威尔逊大帝就横扫千军长驱直入了。

我仔细阅读该书后的判断是:威尔逊的远征还是相当辉煌的。不过,我在这里当然不可能写一部《亚历山大远征记》,所以只能拣威尔逊远征中的重要场景略举数例。

对后现代痛下杀手

威尔逊基本上持科学主义立场——这样的人在科学家群体中很常见，所以威尔逊相信可以"利用科学的某些特性来区分科学和伪科学"。这些特性包括如下四点：再现性、精简性、测量法、启发性。其中最重要的无疑是第一点，"再现性"其实就是实验的可重复性。不过，威尔逊的上述信念实际上是相当朴素的，因为科学哲学家们通常认为，科学和伪科学之间的划界任务是不可能完成的。

对于科学知识社会学（Sociology of Scientific Knowledge，SSK）和"建构主义"（constructivism），威尔逊当然也不会手下留情。在"德里达的诡论"一节中，他对此痛下杀手："哲学上的后现代主义者，是一群聚集在黑色无政府主义旗帜下打转的背道者。他们挑战科学和传统哲学的基础……而最狂妄的建构主义主张，'真的'真实世界并不存在，人类心灵的活动之外并没有任何客观的真理。"在"寻求客观真理的标准"一节中，威尔逊坚信："在我们的大脑之外，存在着独立的真实世界。只有狂人和少数建构主义哲学家，才会对它的存在有所质疑。"不过，他的这种观点，如果和霍金《大设计》（*The Grand Design*）中"依赖图像的实在论"相比，则是相当朴素的。按照威尔逊的上述界定，霍金也将进入"狂人"之例。

威尔逊对各种后现代理论颇多讽刺，他在题为"向后现代主义致敬"的那一节中说："无论如何，我在这里要向后现代主义者致敬。作为当今狂欢乱舞般的浪漫主义参与者，他们使文化变得更加丰富。"他指责后现代理论"对理性思考造成危害"，而他说应该对后现代主义持"正面看法"的理由则是"它解除了不愿接受科学教育的人的困扰"，"它在哲学和文学研究上创造了一个小规模的产业"，等等。

和神创论阵前联欢

对于威尔逊大帝来说，进化论当然不仅在他的马其顿王国版图之内，简直就应该是他的后花园。但进化论偏偏是长期争议不绝的理论，这无疑成了威尔逊的某种软肋。看看万有引力或相对论，问世至今几乎从未遭遇过争议——这正是物理学可以被比喻为重装步兵的主要原因之一。

那威尔逊如何处理这个问题呢？相当出乎我的意料，在该书中，持科学主义立场的威尔逊大帝，居然对进化论的死敌——神创论，采取了手下留情的态度！

在"进化与神迹"一节中，威尔逊正面陈述了进化的基本理论，并且表示："这种非人类所能掌握的力量，显然塑造了我们今日的形象。由组成分子到进化过程，生物学的所有面向都指出相同的结论。"可是接着他却又说："尽管冒着带有防卫色彩的危险，我仍有义务指出，许多人宁愿采取特殊的神创论来解释生命起源，包括某些受过高等教育的人。"他引用美国国家民意研究中心的报告数据，说有 23% 的美国民众反对人类进化的观念，还有三分之一"意见未定"，也就是说有一半以上的美国公众对进化论是反对或怀疑的。

这还不算，威尔逊接着又进一步表明他的个人立场："我生于新教徒众多的美国南方，在强烈的反对进化论的文化中成长，所以对这些想法也有同情和妥协的倾向。这么说吧，只要你相信奇迹，什么事都可能发生。也许上帝真的创造了所有生物，包括人类在内……"这样的论述，对于中国读者来说，以前恐怕只能在转述被批判对象的"谬论"时，才有可能接触到一二。

对中国有独特见解

关于中国古代的科学技术，威尔逊很自然地参考了李约瑟的著作。威尔逊说，古代中国人认为自然界的万物是不可分离的，并且处于不断的变化之中。所以，"中国科学研究的焦点，始终摆在对事物的整体性质以及事物之间和谐而具阶级性的关系的研究上……而不像启蒙运动思想家所体认的那样彼此分立且持久不变。结果，17 世纪就出现在欧洲科学中的抽象过程和解析研究，却从来没有在中国出现"。

不过，威尔逊对古代中国人思想方法的描述和归纳，倒是颇有可取之处。他猜测说:"中国学者不相信在万物之上存有一位具备人类特质与创造特质的神。在他们的宇宙中,并不存在理性的造物主。"他认为古代中国人满足于描述外部世界的运行规则,却并不追求普适原理,是因为"既然不迫切需要普适的原理(也就是神的旨意)这样的观念,也就无须寻找它们了"。

考之中国古代的大部分情形,威尔逊的上述说法确实是可以成立的。

威尔逊与霍金、阿西莫夫

晚年在重大问题上选边站队,似乎成了大师们的义务或表征之一。比如霍金的《大设计》一书,堪称他的"学术遗嘱",里面讨论了若干带有终极性质的问题,诸如上帝、外星人、外部世界的真实性等,在这些问题上霍金都明确地选边站队表了态。霍金如此,威尔逊也不例外,他也在外部世界的真实性、进化论和神创论等重大问题上表了态。

霍金还没有表露过要在知识世界进行亚历山大式征服的雄心壮志,威尔逊却是明确表态要追求"大融通"的。他在该书中对"融通"的定义是:"经由综合科学的事实和以事实为基础的理论,创造一个共同的解释基础,以便使知识融会在一起。"这在当代无疑是一个非常大胆的追求。

威尔逊的"大融通"追求，又让我联想到另一个也有"大师"之誉的人——阿西莫夫（I. Asimov）。40多年前他写过一部《阿西莫夫科学指南》（*Asimov's Guide to Science*），几乎涉猎了自然科学的所有方面。但阿西莫夫此书是传统的"科普"作品，他扮演的角色是导游，而不是亚历山大大帝那样的征服者。

导游通常没有危险，还能够借此饱览名胜风光，而征服者是有风险的，万一"兵败"就有点惨了。威尔逊对这一点倒是有心理准备的，在第一章"爱奥尼亚式迷情"的结尾，他引用了钱德拉塞卡（S. Chandrasekhar）的话："让我们试试看，在太阳将我们翅膀上的蜡融化之前，我们到底能飞多高。"这真有一点悲壮誓师的味道。

《知识大融通：21世纪的科学与人文》，〔美〕爱德华·威尔逊著，梁锦鋆等译，中信出版社，2016年，定价：68元。

（原载《中华读书报》2016年6月23日）

从《雪国列车》看科幻中的反乌托邦传统

影片《雪国列车》(*Snowpiercer*,2013)系从法国同名科幻漫画改编,在中国的上映没有太大的营销力度,票房固然乏善可陈,口碑也未见很好。其实该片不失为韩国电影努力在国际上"入流"之作,不仅选择的是有相当思想高度的方向,影片的"精神血统"堪称高贵,演员阵容也堪称豪华,远非等闲商业娱乐片可比,而且在叙事、象征、隐喻等技巧上亦颇有可圈可点之处,可惜知之者不多,不久就寂寞收场了。

欲知《雪国列车》之"精神血统",必须从"乌托邦·反乌托邦"传统说起。理解了这个传统之后,对《雪国列车》的评价就会完全改观。

从"乌托邦"传统说起

所谓"乌托邦"思想,简单地说也许就是一句话——幻想一个美好的未来世界。

用"乌托邦"来称呼这种思想,当然是因为 1516 年莫尔（Sir T. More）的著作《乌托邦》（*Utopia*）。但是实际上,在莫尔之前,这种思想早已存在,而且源远流长。例如,赫茨勒（J. O. Hertzler）在《乌托邦思想史》中,将这种思想传统最早追溯到公元前 8 世纪的先知,而他的乌托邦思想先驱名单中,还包括启示录者、耶稣的天国、柏拉图的《理想国》、奥古斯丁的《上帝之城》、修道士萨沃纳罗拉 15 世纪末在佛罗伦萨建立的神权统治等。在这个名单上,也许还应该添上中国儒家典籍《礼记·礼运》中的一段:"大道之行也,天下为公。选贤与能,讲信修睦。故人不独亲其亲,不独子其子,使老有所终,壮有所用,幼有所长,矜寡孤独废疾者,皆有所养。男有分,女有归。货恶其弃于地也,不必藏于己;力恶其不出于身也,不必为己。是故谋闭而不兴,盗窃乱贼而不作,故外户而不闭,是谓大同。"

莫尔首次采用了文学虚构的手法,来表达他对未来理想社会的设计。这种雅俗共赏的形式,使这一思想传统得以走向大众。所以这个如此源远流长的思想传统,最终以莫尔的书来命名。自《乌托邦》问世以后,类似的著作层出不穷。例如：

安德里亚（J. V. Andreae）《基督城》（*Christianopolis*，1619）

康帕内拉（T. Campanella）《太阳城》（*Civitas Solis*，1623）

培根（F. Bacon）《新大西岛》（*The New Atlantis*，1627）

哈林顿（J. Harrington）《大洋国》（*Oceana*，1656）

维拉斯（D. Vairasse）《塞瓦兰人的历史》(*Histoire des Sevarambes*，1677—1679）

卡贝（E. Cabet）《伊加利亚旅行记》(*Voyage en Icarie*, 1840）

贝拉米（E. Bellamy）《回顾》(*Looking Backward*，1888）

莫里斯（W. Morris）《梦见约翰·鲍尔》(*A Dream of John Ball*，1886）和《乌有乡消息》(*News from Nowhere*，1890）

……

这些著作都使用了虚构的通信、记梦等文学手法，旨在给出作者自己对理想社会的设计。这些书里所描绘出的虚构社会或未来社会，都非常美好，人民生活幸福，物质财富充分涌流。这就直接过渡到我们所熟悉的"空想社会主义"了。事实上，上面这个名单中的后几种，就被视为"空想社会主义"的重要思想文献。

小说中的"反乌托邦三部曲"

到了20世纪西方文学中，情况完全改变了。如果说19世纪儒勒·凡尔纳（J. Verne）的那些科幻小说，和他的西方同胞那些已经演化到"空想社会主义"阶段的乌托邦思想，还有某种内在的相通之处的话，那么至迟到19世纪末，威尔斯（H. G. Wells）的科幻小说已经开始了全新的道路——它们幻想中的未来世界，全都变成了暗淡无光的悲惨世界。甚至儒勒·凡尔纳到了后期，也出现了转变，被认为"写作内容开始趋向阴暗"。

按理说这样一来，科幻作品这一路，就和乌托邦思想及"空想社会主义"分道扬镳了，以后两者应该也没有什么关系了。然而，当乌托邦思想及"空想社会主义"式微，只剩下"理论研究价值"的时候，却冒出一个"反乌托邦"传统。

所谓"反乌托邦"传统，简单地说也就是一句话——忧虑一个不美好的未来世界。

苏联作家尤金·扎米亚金（E. Zamyatin），在十月革命的次年就写出了"反乌托邦三部曲"中的第一部《我们》（*We*, 1920）。小说假想了千年之后高度专制极权的"联众国"，所有的人都只有代号，没有姓名。主角 D-503 本来"纯洁"之至，衷心讴歌赞美服从这个社会，不料遇到绝世美女 I-330，堕入爱河之后人性苏醒，开始叛逆，却不知美女另有秘密计划……作品在苏联被禁止出版，扎米亚金被批判、"封口"，后来流亡国外，客死巴黎。《我们》1924 年首次在美国以英文出版。

赫胥黎（A. Huxley）的《美丽新世界》（*Brave New World*, 1932）是"反乌托邦三部曲"中的第二部，从对现代化的担忧出发，营造了另一个"反乌托邦"。在这个已经完成了全球化的新世界中，人类告别了"可耻的"胎生阶段，可以被批量克隆生产，生产时他们就被分成等级。每个人都从小被灌输必要的教条，比如"如今人人都快乐""进步就是美好"等，以及对下层等级的鄙视。

在这个新世界里，即使是低等级的人也是快乐的："七个半小时和缓又不累人的劳动（经常是为高等级的人提供服务），然后就有索麻口粮（类似迷幻药）、游戏、无限制的性交和'感觉电影'（只有感官刺激、毫无思想内容的电影），他夫复何求？"由于从小就被灌输了相应的教条和理念，低等级的人对自身的处境毫无怨言，相反还相当满足——这就是"如今人人都快乐"的境界。所有稍具思想、稍具美感的作品，比如莎士比亚戏剧，都在公众禁止阅读之列，理由是它们"太老了""过时了"。高等级的人方能享有阅读禁书的特权。

1948年，乔治·奥威尔（G. Orwell）写了幻想小说《一九八四》，表达他对未来可能的专制社会的恐惧和忧虑，成为"反乌托邦"作品中的经典。"反乌托邦三部曲"中数此书名头最大。"一九八四"不过是他随手将写作时的年份1948的后两位数字颠倒而成，并无深意，但是真到了1984年，根据小说改编的同名电影问世，成为"反乌托邦"艺苑的经典（奇怪的是《我们》和《美丽新世界》至今未见拍成电影）。

在"反乌托邦"小说谱系中，新近的重要作品或许应该提到加拿大女作家玛格丽特·阿特伍德（M. Atwood）2003年的小说《羚羊与秧鸡》（*Oryx and Crake*）——我为小说的中译本写了序。在这部小说的未来世界中，文学艺术遭到空前的鄙视，只有生物工程成为天之骄子。所有的疾病都已被消灭，但是药品公司为了让人们继续购买药品，不惜研制出病毒并暗中传播。如果有人试图揭发这个阴谋，等待他的就是死亡。色情网站和大麻毒品泛滥无边，中学生们把这些东西当作家常便饭。最后病毒在全世界各处同时暴发，所有人在短短几天内死亡，人类文明突然之间陷于停顿和瘫痪。

电影中的反乌托邦"精神血统"

"反乌托邦"向前可以与先前的乌托邦思想有形式上的衔接（可以看成一种互文或镜像），向后可以表达当代一些普遍的恐惧和焦虑，横向还可以直接与社会现实挂钩。正是在这个"反乌托邦"传统中，幻想电影开始加入进来。影片《一九八四》可以视为电影加入"反乌托邦"谱系的一个标志。

但是自此之前，至少还有两部可以归入"反乌托邦"传统的影片值得注意：

1976 年的《罗根逃亡》（*Logan's Run*）名声不大，影片描绘了一个怪诞而专制的未来社会，在这个社会中，物质生活已经高度丰富，但人人到了一个固定的年龄就必须死去。罗根和他的女友千辛万苦逃出这个封闭城市，才知道原来人可以活到老年。

1981 年的《银翼杀手》（*Blade Runner*）初映票房失利且"恶评如潮"，但多年后在英国《卫报》组织的 60 名科学家评选出的"历史上十大优秀科幻影片"中名列首位。影片根据迪克

（Philip K. Dick）的科幻小说《仿生人会梦见电子羊吗？》（*Do Androids Dream of Electric Sheep?*，1986）改编，讲述在未来2019年阴郁黑暗的洛杉矶城中，人类派出的银翼杀手追杀反叛"复制人"的故事。因既有思想深度（如"复制人"的人权问题、记忆植入问题等），又有动人情节，且充满隐喻、暗示和歧义，让人回味无穷，遂成为科幻经典。而影片黑暗阴郁的拍摄风格，几乎成为此后"反乌托邦"电影作品共有的形式标签。

影片《一九八四》中的1984年在奥威尔创作小说时还是一个遥远的未来。奥威尔笔下1984年的"大洋国"，是一个物质上贫困残破、精神上高度专制的社会。篡改历史是国家机构的日常任务，"大洋国"的统治只能依靠谎言和暴力来维持。能够监视每个人的电视屏幕无处不在，对每个人的所有指令，包括起床、早操、到何处工作等，都从这个屏幕上发出。绝大部分时间，电视屏幕上总在播放着两类节目：一类是关于"大洋国"工农业生产形势如何喜人，各种产品如何不断增产；另一类是"大洋国"中那些犯了"思想罪"的人物的长篇忏悔，他们不厌其烦地述说自己如何堕落，如何与外部敌对势力暗中勾结，等等。播放第二类节目时，经常集体收看，收看者们通常总是装出义愤填膺的样子振臂高呼口号，表达自己对坏人的无比愤慨。

与影片《一九八四》接踵问世的幻想电影《巴西》（*Brazil*，1985，中译名有《妙想天开》等），将讽刺集中在由极度技术主义和极度官僚主义紧密结合而成的政治怪胎身上。影片表现出对技术主义的强烈反讽。从一上来对主人公山姆早上起床到上班这一小段时间活动的描写，观众就知道这是一个已经高度机械化、自动化了的社会，可是这些机械化、自动化又是极不可靠的，它们随时随地都在出毛病，出故障。所以《巴西》中出现的几乎所有场所都是破旧、肮脏、混乱不堪的，包括上流社会的活动场所。

2002年的影片《撕裂的末日》（*Equilibrium*），假想未来社会中臣民被要求不准有任何感情，也不准对任何艺术品产生兴趣，为此需要每天服用一种特殊的药物。如果有谁胆敢一天不服用上述药物，家人必会向政府告密，而不服用药物者必遭严惩。然而，偏偏有一位高级执法者，因为被一位暗中反叛的女性所感召，偷偷停止了服药，最终毅然挺身而出，杀死了极权统治者——几乎就是《一九八四》中始终不露面的"老大哥"。反抗成功虽然暗示了一个可能光明的未来，而且影片因有颇富舞蹈色彩的枪战和日式军刀对战，有时还被当作一部动作片，但影片充分反映了西方人对极权统治的传统恐惧，在"反乌托邦"谱系中占有不可忽视的位置。

2006年的影片《人类之子》（*Children of Men*）描写了一个阴暗、混乱、荒诞的未来世界，人类已经丧失生育能力18年，故事围绕着一个黑人少女的怀孕、逃亡和生产而展开。随着男主人公保护这个少女逃亡的过程，影片将极权残暴的国家统治和无法无天的叛军之间的内战、非法移民源源不断的涌入和当局的严厉管制、环境的极度污染、民众的艰难度日等末世光景渲染得淋漓尽致。

2006年更重要的影片是《V字仇杀队》(*V for Vendetta*)，它可以说是"反乌托邦"电影谱系中最正统、最标准的成员之一。这个故事最初是小说家的创作，1982年开始在英国杂志上发表，随后由漫画家与小说作者联手改编为漫画，最后由鼓捣出《黑客帝国》的电影奇才沃卓斯基兄弟（现已成为姐妹）将它搬上银幕。该片的编剧在《黑客帝国》之前就已完成。影片描绘了一个"严酷、凄凉、极权的未来"，法西斯主义竟获得了胜利，英国处在极权主义的残酷统治之下，没有言论自由，只有压迫和无穷无尽的谎言。

无政府主义的孤胆英雄V反抗极权统治，挑战这个黑暗社会，被当局视为恐怖分子，必欲除之而后快。然而，这个永远戴着微笑面具的V神通广大，他搞"恐怖主义"可以炸毁政府大楼，搞宣传可以控制电视台并播出号召人民起来反抗的演讲，文可以用艺术修养征服美女芳心，武可以三拳两脚将一群恶警打得满地找牙，他的飞刀更是出神入化……最后V煽动了一场群众革命：他挑选了一个具有历史象征意义的日子炸毁了国会大厦，千千万万民众戴着与V一样的面具走上街头，熊熊火焰成为庆祝自由胜利的礼花，极权统治在民众的起义中轰然倒塌。这个结局与《撕裂的末日》中反叛的执法者斩杀"老大哥"异曲同工。

残剩文明与集权统治

了解电影史上反乌托邦的"革命家史"之后,理解《雪国列车》就变得容易了。

雪国列车中头等车厢里那些上等人富足优雅但又空虚无聊的生活场景,正是小说《美丽新世界》中所描述的样子。而雪国列车上的极权统治者维尔福德,正是《一九八四》中的"老大哥",也就是影片《撕裂的末日》中的统治者。而雪国列车下层民众所在的后部车厢肮脏残破,一派末日凄凉,拍摄风格黑暗阴郁,明显和影片《银翼杀手》一脉相承。

由于后部车厢的段落大约占去了影片《雪国列车》三分之二的时间,观众老是面对着黑暗阴郁的画面,到影片接近尾声时才出现"光鲜亮丽"的场景(比如维尔福德所在的车厢),这很可能大大抑制了中国观众的观影兴趣。考虑到中国一般观众对于影片的反乌托邦"精神血统"了解甚少,这样的推测应该是不无道理的。

但是影片中大量展示的残破场景,是为影片预设的"反乌托邦"主题服务的。

如果就广泛的意义而言,似乎大量幻想影片都可以归入"反乌托邦"传统。因为在近几十年的西方幻想电影中,几乎从来没有出现过光明乐观的未来世界,只有比如《未来水世界》(*Water World*,1995)中的蛮荒、《撕裂的末日》中的黑暗、《罗根逃亡》中的荒诞、《黑客帝国》（*Matrix*，1999—2003）中的虚幻、《终结者》（*Terminator*，1984—2009）中的核灾难、《12猴子》（*12 Monkeys*，1995）中的大瘟疫之类。在这些幻想作品中，未来世界大致有几种主题：一、资源耗竭；二、惊天浩劫；三、高度专制；四、技术失控或滥用。《雪国列车》的故事，就是人类为应对所谓的全球变暖，试图以人工技术为地球降温时失控，导致地球变成了寒冰地狱，人类最终只剩下那列列车的空间可以生存。

残剩文明必然处在资源耗竭或濒临耗竭的状态：狭小有限的空间、极度短缺的食物和其他生活资料……雪国列车后部车厢底层人民的生存状态就是如此。在这种残剩文明中，极权统治几乎是不可避免的。

《雪国列车》对经典科幻作品的模仿或致敬

影片《雪国列车》在内容和技巧上，和一些经典科幻作品之间的关系是非常明显的。这种关系可以谓之继承，亦可谓之模仿，甚至可以视为抄袭——这个行为在电影界更常见的说法是"致敬"。

只要对科幻经典作品稍有涉猎，就会知道影片中列车的极权统治者维尔福德就是《一九八四》中的"老大哥"，或者造反者贿赂安保专家的毒品就是《美丽新世界》中的"索麻口粮"

等。这类相似之处太容易发现，就不必多言了。这里我们分析一个稍具深度和复杂性的例子，看《雪国列车》是如何向科幻经典作品"致敬"的。

在《雪国列车》中，起来造反——更正式的说法是革命——的领袖经过英勇奋战，终于打到最高统治者维尔福德所在的车厢，在那里他与维尔福德有一场相当冗长的对话。维尔福德告诉革命领袖一个惊天秘密：列车上有史以来的每一场叛乱（革命），包括眼下看起来即将胜利的这一场，都是事先精密设计好的！目的是为了维持列车上的生态平衡——列车容纳不了太多的人口，所以必须在叛乱及其镇压中让一些人死去。

维尔福德对目瞪口呆的革命领袖和盘托出：你们这些叛乱，不都是后部车厢中那个名叫吉连姆的老头子暗中策动的吗？他因为策动叛乱的罪名，手和脚都已经失去了（列车上有一种特殊的刑罚，将犯人的手足伸到车外冻掉）。可是你要知道，吉连姆他是我的拍档！他负责策动叛乱，我负责镇压叛乱，我们列车上的生态平衡才维持到了今天。难怪影片中吉连姆第一次出场时，那些镇压骚乱的卫兵对他表现了不合常情的尊敬姿态。

用后现代的眼光来看，这一幕极大地"解构"了先前铺垫了一个多小时的革命——解构了这场革命的正义性，解构了革命中战友浴血牺牲的神圣性。原来从一开始，我们就只是小白鼠、小棋子，让那些大人物玩弄于股掌之间！

那么《雪国列车》这个高度解构的结局,是在向哪部经典"致敬"呢?

在我个人的评判标准中,科幻电影的"无上经典"离今天并不遥远——那就是1999—2003年横空出世的影片《黑客帝国》系列。《黑客帝国》三部曲(严格地说,还应该加上那部有九个短片的《黑客帝国卡通版》)问世之后,一举成为科幻影片迄今为止无人能够逾越的巅峰之作,思想有深度,故事有魅力,视觉有奇观,票房有佳绩,"内行"激赏它的门道,"外行"也能够享受它的热闹,更有一众哲学家破天荒来讨论它所涉及的哲学问题(比如外部世界的真实性问题、"瓶中脑"问题、人工智能的前景问题等)。世上自有科幻影片以来,作品之全面成功,未有如斯之盛也。

《黑客帝国》系列讨论了多重主题:机器人反叛、世界的真实性、记忆植入(我是谁)、谁有权统治世界,当然也包括反乌托邦。但这里我们姑且只关注《雪国列车》的结尾是如何向《黑客帝国》"致敬"的。

在《黑客帝国Ⅱ:重装上阵》(*The Matrix: Reloaded*, 2003)结尾处,地下反抗者们向Matrix的要害部门发动了总攻,原以为可以一举摧毁敌人,但他们低估了敌人的能力,进攻失败。这时反抗者们的首领尼奥和造物主(Matrix的设计者)之间有一段冗长玄奥的对话。造物主告诉尼奥,不要低估Matrix的伟大,因为事实上你们的每一次反抗和起义都是事先设计好的,就连锡安基地乃至你尼奥本身，都是设计好的程序（尼奥已经是第六任这样的角色了！），目的是帮助 Matrix 完善自身——在此之前 Matrix 已经升级过五次了。

上述两个结局的高度同构是显而易见的：雪国列车对应于 Matrix，维尔福德对应于造物主，列车中的革命领袖对应于尼奥，革命都是被革命对象事先设计好的。

这就是电影界典型的"致敬"。类似的例子我们可以在影史上找出许许多多。比较奇怪的是，在电影界很少有人发起"抄袭"的指控。看来在这个问题上，搞电影的人比写小说的人要宽容得多。

永不停驶的列车：一个科学技术的隐喻

我问过好几个看过《雪国列车》的人一个同样的问题：影片中的雪国列车为什么要不停地行驶？没有一个人能够回答我。有的人根本没有想过这个问题。

其实没有人能够回答这个问题，这本身就提示了问题的一条解释路径。

按照影片的交代，因为维尔福德发明了"永动机"——尽管这在现今的物理学理论中是不可能成立的，所以雪国列车有了取之不尽用之不竭的能源，因此在影片的理论逻辑上，列车一直行驶下去确实是可能的（这里没有考虑列车机件在持续行驶中的磨损,以及补充更换这些机件的困难)。

但问题是,列车有什么必要不停地行驶呢?"永动机"即使能够提供取之不尽用之不竭的能源,如果让列车停靠在某处,不是更节省能源吗?有什么必要昼夜行驶,每年绕行地球一圈呢?不停的行驶非但浪费能源,还会磨损机件,从而减少列车的工作寿命,而且列车行驶还会不可避免地产生持续的噪音……总之是有百害而无一利。影片也没有从技术上交代过列车不停行驶有什么必要性(比如"永动机"必须在列车行驶中才能工作?)。

于是,雪国列车的毫无必要的行驶,只能解释为一个隐喻。

雪国列车是依靠什么来建成和运行的?当然是依靠科学技术。影片中的雪国列车,可以说就是"高科技"的结晶,所以它就是科学技术的象征。

想到这里,我竟忍不住要小小自鸣得意一下了:多年以前,我就把当今的科学技术比作一列无法停下的列车。为了证明我所言不虚,请允许我抄录一小段旧文,见于我为我主持的"ISIS文库"写的"总序"中:

> 今天的科学技术,又像一列欲望号特快列车……
> 车上的乘客们,没人知道是谁在驾驶列车——莫非已经启用了自动驾驶程序?
> 而且,没人能够告诉我们,这列欲望号特快列车正在

驶向何方!

　　最要命的是,现在我们大家都在这列列车上,却没有任何人能够下车了!

今天看来,这段旧文几乎就是雪国列车的直接写照:按照影片所设定的故事,雪国列车就是自动行驶的;它每年绕行地球一圈,就是没有目的地的;列车没有停靠站,而且车外的环境低温酷寒,没有任何生物可以生存,当然也没有任何人可以下车。

所以,雪国列车毫无必要的荒谬行驶,就是用来隐喻当代科学技术"停不下来""毫无必要地快速发展""没有任何人能够下车"的荒谬性质的。

而且,常识告诉我们,这样的列车及其运行状态,是不可持续的。

所以,如果说雪国列车是对当代科学技术的隐喻,那么影片结束时列车的颠覆毁灭,简直就是对现今这种过度依赖科学技术支撑的现代化之不可持续性的明喻了。

反乌托邦作为一种纲领的生命力

从扎米亚金的《我们》到今天已经90多年了,扎米亚金、赫胥黎、奥威尔他们所担忧的"反乌托邦"是否会出现呢?

按照尼尔·波兹曼（N. Postman）在《娱乐至死》（*Amusing Ourselves to Death*）一书中的意见，有两种方法能让文化精神枯萎：一种是奥威尔式的"文化成为一个监狱"；一种是赫胥黎式的"文化成为一场滑稽戏"。《美丽新世界》这样的作品，展示了另一种路径的"反乌托邦"——如果文化一味低俗下去，发展到极致也可能带来一个黑暗的未来。现在看来，也许奥威尔的预言已经威胁不大，但他认为"赫胥黎的预言正在实现"。

在影片《雪国列车》中，人类残剩文明走上了奥威尔《一九八四》的道路，最终难以避免地走向崩溃。也许，在雪国列车所象征的人类文明崩溃的那一瞬间，导演的心有点软了，他给观众留下了一点点若隐若现的希望。

要看到这一点点希望，需要在观影时保持持续的注意力，并维持较好的记忆力——因为《雪国列车》是一部相当精致的电影，其中有不少含义丰富、前后照应的细节。影片一开始交代说地球已经成为寒冰地狱，任何生物无法生存；中间则在列车每年经过同一处飞机残骸时，让车上的人注意到残骸上的雪线在逐年下降——这意味着地球温度可能在缓慢回升；结尾处只有尤娜和一个小男孩幸存下来，尤娜和远处一只北极熊意味深长地对望了一眼，这暗示地球温度还在回升，已经有生物可以在地球上生存了。

但孤立无助的尤娜和小男孩能够活下去吗？他们两人能够将人类文明从冰天雪地的废墟中重新建立吗？这看起来仍是毫

无希望的，人们只能祈祷奇迹的降临了。

现在我们已经看到，在幻想作品（电影、小说、漫画等）中，"反乌托邦"传统宛如一列长长的列车，《雪国列车》就是这列列车的一节新车厢。

如果我们借用科学哲学家拉卡托斯的术语，将"乌托邦"和"反乌托邦"看成两个不同的"研究纲领"（Research Programmes），而那些作品就是研究纲领所带来的成果，那么现在看来，"乌托邦"纲领已经明显退化，虽然不能说它已经绝对失去生命力（按照拉卡托斯的观点，任何纲领都不会绝对失去生命力），但它已经百余年没有产生任何有影响的新作品了，而"反乌托邦"纲领则仍然保持着欣欣向荣的生命力——百余年来"反乌托邦"谱系的小说、电影和漫画作品层出不穷，它们警示、唤醒、启发世人的历史使命也远远没有完成。这也许还从一个侧面提示我们：今天的科学技术，正是在这百余年间的某个时刻，告别了她的纯真年代。

（原载《读书》2014 年第 7 期）

《银翼杀手2049》六大谜题：电影文本的复杂性和不确定性

科幻大片《银翼杀手2049》在中国高调上映，营销也相当努力，不幸票房惨淡，铩羽而归。如果说1982年的《银翼杀手》上映后是"票房惨淡，恶评如潮"，那么这回的《银翼杀手2049》在中国就是"票房惨淡，空评如潮"——迄今为止，所有对《银翼杀手2049》的影评，包括我自己写的被至少一家报纸和十家微信公号发表的那篇在内，不是在影片外围隔靴搔痒的老生常谈，就是富有文青色彩的无病呻吟，全都无法让我满意。羞愧之余，我决定采用"阵地战"形式，堂堂正正向敌军阵地发起正面进攻。

我的所谓"进攻"，是要解读、建构、理顺《银翼杀手2049》所讲的故事。下面处理这个课题时，我将遵从如下原则：

一、建构的故事要尽可能有影片中的情节作为依据。二、对于在影片中无法找出直接依据的部分，将参考迪克小说原著、其他科幻影片中的经典桥段等来建构。三、建构的故事不能和影片中的情节有矛盾，如果有表面上的矛盾，将通过分析尽量做出有说服力的解释。

让我们好好见个真章吧！哪怕进攻失败，也好过老生常谈和无病呻吟。

《银翼杀手》系列作品清单

迄今为止，《银翼杀手》的影视系列共有五部作品，先开列如下：

《银翼杀手》（*Blade Runner*，1982）

《银翼杀手 2022：黑暗浩劫》（*Black out 2022*，2017，动漫短片）

《银翼杀手 2036：连锁黎明》（*2036: Nexus Dawn*，2017，真人短片）

《银翼杀手 2048：无处可逃》（*2048: Nowhere to Run*，2017，真人短片）

《银翼杀手 2049》（*Blade Runner 2049*，2017）

这五部作品中，只有 1982 年的第一部是从菲利普·迪克（Philip K. Dick）的小说《仿生人会梦见电子羊吗？》（*Do Androids Dream of Electric Sheep?*）改编的，后面四部的故事都是衍生出来的，已经没有迪克原著小说作为依据了。中间三部短片是为了让观众更好地理解《银翼杀手 2049》而拍摄的，讲述 2019（第一部中故事发生的年份）—2049 这 30 年的三个重要事件。

为了完成"解读、建构、理顺"《银翼杀手 2049》中的故事这一任务，我从解决影片所呈现的六大谜题入手。在解决这六大谜题的基础上，一个合情合理而且前后完整的故事也就呼之欲出了。

谜题一：戴卡究竟是真正的人还是复制人？

这是 1982 年第一部《银翼杀手》留下的谜题：主角银翼杀手戴卡（Deckard）究竟是真正的人还是复制人？这个谜题非同小可，因为它具有极强的示范效应和象征意义。

从网上对《银翼杀手 2049》的评论看，这个谜题的答案有三种意见：1. 戴卡是复制人；2. 戴卡是真正的人；3. 无法从影片中确定戴卡是复制人还是真正的人。其实这个谜题恰恰是六大谜题中最容易解决的，因为《银翼杀手 2049》对它给出了明确的答案。

从 1982 年《银翼杀手》上映那天起，人们就开始争论戴卡是不是复制人。

支持戴卡是复制人的重要理由包括：

1. 戴卡的"独角兽之梦"暗示他的记忆是被植入的（每个复制人都需要植入记忆，以便有一个自己的"前世今生"）；

2. 戴卡告诉瑞秋（Rachael）自己不会杀她时，眼中闪着红光（只有复制人会如此）；

3. 警察局长对戴卡说：如果你不当警察，你就什么也不是。

导演斯科特（Ridley Scott）认为戴卡是一个复制人，他曾表示，他之所以不在影片中明确说出这一点，只是为了让观众自己去发现。

支持戴卡是真正的人的重要理由包括：

1. 影片最初的版本中，戴卡身世清楚，还有前妻；

2. 戴卡的"独角兽之梦"是因为他看了瑞秋的资料；

3. 戴卡如果是一个复制人，他就不可能像影片中所表现的那样厌恶自己的工作；

4. 戴卡是一个没有灵魂的人类，巴蒂（Batty）是一个富有人性的复制人，影片正是用这样的对比表现了深刻的思想。如果戴卡是一个复制人，这个对比就会荡然无存，影片就会大大失去其思想价值。

戴卡的饰演者哈里森·福特（Harrison Ford）强烈赞成第4条理由，他一直坚持戴卡是真正的人。在影片拍摄过程中，福特和导演的关系一直不融洽，这个分歧或许也是原因之一。在这个问题上，斯科特和福特直到影片拍摄完成也没有取得一致意见。

在我以前对1982年《银翼杀手》发表的影评中，我一直赞成"戴卡是真正的人"。

有些评论者以极大的耐心从《银翼杀手2049》中仔细寻找戴卡是否为复制人的种种蛛丝马迹，却忽视了影片给出的最明确的证据。其实只需一个非常简单的"理科式推理"即可解决问题，推理如下：

在1982年的《银翼杀手》中，明确指出了当时的复制人只有四年寿命，四年一到即自动报废死亡，巴蒂在和戴卡决战后就是这样死亡的。那么30年后《银翼杀手2049》的主角K又找到了老年的戴卡，这个简单的事实就无可辩驳地表明：戴卡是真正的人，否则他不可能活到30年之后。

如果试图推翻上面的推理，必须假定戴卡是当时已经存在的另一种复制人，他们有大大超过四年的寿命；或是戴卡在报废前被改造过了，得以延长寿命。但事实是，在五部《银翼杀手》系列作品中，没有任何这类情节。所以结论只能是：《银翼杀手2049》选择了"戴卡是真正的人"这个答案。而且，这个答案也是解答后面诸谜题的基础和出发点。

那么，这个谜题的"极强的示范效应和象征意义"又何在呢？

首先，它强力示范了电影这种文本可以有多大程度的不确定性——影片可以在导演和主角演员始终对于"主角是不是人"这样的根本问题没有一致意见的情况下完成拍摄，而且成为经典。

其次，这强烈提示人们，电影作为一种"文本"，一旦问世，就可以由观众自由解读和建构——既然连导演和主角演员也可以没有一致意见,观众就有理由认为"连导演也可能不知道自己在说什么"。

理解这个谜题的示范效应和象征意义,认识到某些电影文本可以具有高度的复杂性和不确定性,对于我们展开下文的讨论是非常有益的。

谜题二:2019—2049 这 30 年发生了什么?

这个问题本来并不构成什么谜题,因为在三部短片中有明确的交代。但是大部分观众在观看《银翼杀手 2049》之前或之后,显然并未去将这三部短片找来看过,所以对于他们来说这个问题仍然是一个谜题。

当年科幻电影的巅峰作品《黑客帝国》系列(Matrix,Ⅰ、Ⅱ、Ⅲ,1999—2003)因为号称"烧脑",就有《黑客帝国动漫版》,里面包括九个短片,来帮助观众理解《黑客帝国》。动漫短片补充了正片故事的前传和一些技术细节。现在《银翼杀手 2049》模仿此法,事先"放出了"三部短片——似乎可以理解为供人免费观看,因为这三部短片网上很容易找到。这三部短片是《银翼杀手 2049》的前传。

三部短片都只有 10 多分钟,每部讲述一个重要事件,事件发生的年份都已经在片名中明确标注了。第一部是动漫,后两部是真人饰演。

动漫短片《银翼杀手2022：黑暗浩劫》的故事：Tyrell公司的复制人已升级为Nexus-8型（在1982年的《银翼杀手》中是Nexus-6型），不再有四年的寿命限制。这些复制人被广泛用于战争等高危行业，而"人类至上主义"的兴起导致了人类对复制人的仇杀，于是复制人密谋反叛。2022年他们劫持了导弹，在全球六个地方同时制造了核爆炸，造成了全球大停电，目的是从物理上消除人类存放的复制人身份档案。此后反叛的Nexus-8型复制人得以隐姓埋名在人间生存下来，人类政府则从法律上禁止了复制人的制造。而"2022大停电"成为此后人们经常提起的历史事件。

真人短片《银翼杀手2036：连锁黎明》的故事：政府关于复制人的禁令使得Tyrell公司濒临破产，依靠合成食品起家的Wallace公司收购了残存的Tyrell公司，再次开发更为先进的Nexus-9型复制人。这些复制人会毫不犹豫地执行人类要他们自残甚至自杀的命令。短片主要展现了Wallace公司的一个复制人在政府测试官员面前奉命自残和自杀的过程，残酷血腥，政府官员都看不下去了。于是新一代复制人获准制造，时为2036年。

真人短片《银翼杀手2048：无处可逃》的故事：当年参与"2022大停电"行动的反叛复制人之一莫顿（Morton，应该是Nexus-8型）隐居民间，常和一对母女相互照顾。2048年的一天，他激于义愤出手制止了歹徒对这对母女的施暴，结果暴露了他的复制人身份，不得不亡命天涯。

到《银翼杀手2049》的开头，莫顿隐居在一个小农场里，但新一代银翼杀手、警探K找到了他。这场猎杀成为《银翼杀手2049》的开场戏。

谜题三：为什么"奇迹"成为反抗者的精神支柱？

在《银翼杀手2049》中，"奇迹"绝对是最重要的关键词之一。

在开场戏中，莫顿面对银翼杀手K的猎杀视死如归。他悲天悯人地对K说：你之所以甘为朝廷鹰犬，情愿替统治者干脏活累活，是因为你根本没见过奇迹。

这是影片中第一次出现"奇迹"这个词，此后它还将多次在密谋反叛的复制人口中出现。即便是没看过《银翼杀手》系列前四部作品的观众，甚至是对《银翼杀手》故事一无所知的观众，只要看下去也就会知道，他们所说的"奇迹"是指这样一件事：当年Tyrell公司老板的秘书，也是老一代银翼杀手戴卡的情人瑞秋，生了孩子。

当然，瑞秋和谁生的孩子？她生了一个还是两个孩子？这都还是谜题。但我们这里先要解决这样一个问题：为什么莫顿等密谋反叛的复制人一说起这个"奇迹"，不是视死如归就是豪情万丈，仿佛黑夜中的行人看到了指路明灯？换句话说，"奇迹"一直是密谋反叛的复制人的精神支柱,这是为什么呢?

从《银翼杀手》故事最初的源头,迪克的小说《仿生人会梦见电子羊吗?》开始,复制人(仿生人)的人权问题就一直是主题之一。这个主题当然也很容易平移为"机器人的人权""克隆人的人权",等等。

要讲人权,就要有区分人类和非人的界限。诸多幻想作品都有自己设想的界限,比如著名的讨论机器人人权问题的影片《变人》(*Bicentennial Man*,1999)中设想的界限是"死亡"——只有会死亡的才可以算人。而在《银翼杀手》系列作品中,从小说作者迪克到导演斯科特,其实都没有明确提出过自己设想的界限。明确提出界限设想的是《银翼杀手2049》,它设想的界限是"生育":只有被母亲生出来的孩子,才有人权。

现在我们开始接触到"瑞秋生了孩子"这个"奇迹"的意义了。在《银翼杀手2049》的世界里,复制人是没有人权的,人们不必尊重他们。银翼杀手K虽然身怀绝技(看他开场时猎杀莫顿就知道了),仍被同事们鄙视为"假货",甚至邻居在他家门上制造了"假货滚开"的涂鸦,他也视若无睹默默忍受。

当K的女上司得知瑞秋当年生过孩子时,仿佛五雷轰顶,她命令K去找到那个孩子并且杀掉。K拒绝执行命令,他说"我不杀生育出来的人"。但女上司气急败坏,严令K立即执行,她对K说"我的责任是维护秩序"。

注意女上司的措辞,为什么一个复制人生了孩子就会对

"秩序"造成危害呢？这是因为在《银翼杀手2049》的世界里设定的人权界限就是"生育"，而"瑞秋生了孩子"这个"奇迹"却模糊了这个界限——这个孩子是没有人权的复制人所生的后代，这个孩子应该有人权吗？站在"秩序"维护者的立场想想，也确实是两难。

K所说的"我不杀生育出来的人"，其实就是"机器人三定律"中的第一定律"机器人不得伤害人类"的翻版。这意味着，在K的思想中，这个孩子应该有人权。而这同样也是那些密谋反叛的复制人的共同想法。所以，"奇迹"的真正意义是——复制人也可以有人权！这虽然只是一个象征的意义，但足以激励复制人前赴后继献身于他们的解放大业。

谜题四：K有没有灵魂？

这个问题似乎很少有人注意，但是它会直接影响我们对K的身份的判定，所以需要认真寻求答案。由于《银翼杀手2049》没有打算明确给出这个谜题的答案，所以我们必须根据影片中的细节来推测。

直接引发这个问题的，是影片中K和他女上司的一次谈话。女上司对K说："你没那玩意儿（指灵魂）不也活得挺好吗？"本来K领受了指示正准备离去，已经走到办公室门口了，听到女上司这句话，又停了下来，一脸受伤的表情，若有所思，欲言又止，最终还是默默离去了。这个细节表明，当时人们普遍认为复制人是没有灵魂的，但是 K 对这个判断已经有了怀疑。

要推测 K 有没有灵魂，另一个路径是注意他的虚拟女友。在《银翼杀手 2049》中，K 的虚拟女友乔伊（Joi）很引人注目。她是一个人工智能，她照顾 K 的生活，为讨 K 的欢心而梳妆打扮，甚至替 K 找来妓女充当自己的肉身，好让 K 享受到真实的性爱。她在用餐时拿起来准备念给 K 听的书是纳博科夫（Vladimir Nabokov）的《微暗的火》（*Pale Fire*），而 K 每次出任务后回到局里都要接受的测试中念的句子就出自《微暗的火》。如果说这些无微不至的体贴关爱都是人工智能的设定，那么当乔伊在"生命"的最后一刻，弯下腰来匆匆对被打倒在地的 K 说了"我爱你"三个字，就很像是有"灵魂"的样子了。

另一个可供推测的例子是被 K 猎杀的 Nexus-8 型复制人莫顿，他能够激于义愤而出手救助那对母女，在面临猎杀时又能够感念"奇迹"而视死如归，怎么能说他没有灵魂呢？

如果连虚拟女友和低型号的复制人都可能有灵魂，那么 K 比他们更高级，K 有灵魂也就不是什么难以想象的事了。

再进一步看，"灵魂"本来也缺乏明确的定义，它经常和"自由意志"联系在一起。我们甚至不妨将"K 有没有灵魂"这个问题平移为"K 有没有自由意志"。这两个问题具有类似的意义，但是这样一平移，我们就可以从影片的情节中得到更多的证据了。

女上司严令 K 去找出瑞秋的孩子并且杀掉，K 在追查时逐渐发现自己很可能就是瑞秋的那个孩子，但他并未自杀，而是向女上司汇报称自己已经"了结"了此事，所有的证据他都已经烧毁，只留下他找到的婴儿穿的一只小袜子交给了女上司。显然，K 没有不折不扣地执行上司的命令，而且向上司闪烁其词并隐瞒了部分真相。他这样做，当然说明他已经具有自由意志，而一个具有自由意志的人怎么可能没有灵魂呢？因此我们有理由相信 K 有灵魂。

谜题五：斯特琳的身份之谜

在《银翼杀手 2049》中，神秘女子斯特琳（Stelline）是一个重要人物。她具有先天生理残疾，必须在无菌环境中才能生存；同时她又具有超能力，擅长制作专供复制人用的植入记忆——此物在 1982 年的《银翼杀手》中已经出现，每个复制人都会被植入一段记忆，以便自己有一个能够言之成理的前世今生。斯特琳长期向 Wallace 公司提供植入记忆。

但是随着故事的推进，观众逐渐明白，斯特琳就是当年戴卡和瑞秋生的孩子——所以她实际上就是密谋反叛的复制人暗中传说的那个"奇迹"。对于这一点，诸多评论者似乎都无异议，我也完全赞同。但这里有一个问题：如果斯特琳真是戴卡和瑞秋的女儿，那她怎么可能安然无恙地长大，并以制作植入记忆著称于世呢？

从影片中的情节来看，人类政府——它在影片中的唯一代表就是 K 的女上司——即使知道斯特琳的存在，肯定也不知道她的身世。女上司在得知瑞秋当年曾生过一个孩子时那样惊恐，严令 K 去杀人灭口，直接说明了这一点。

影片《银翼杀手 2049》中的世界，实际上有三方势力：人类政府、Wallace 公司、密谋反叛的复制人。这三方势力的利益和诉求当然不可能一致，所以即使人类政府不知道斯特琳的身世，Wallace 公司却未必不知道，但后者即使知道也没有必要向政府通报——她既然是公司特殊制品的长期供应商，向政府通报她的身世显然对公司有害无益。而在密谋反叛的复制人那里，斯特琳的身世至少在高层是一个意义重大的惊天机密。

还有一点可以顺便指出，在短片《银翼杀手 2048：无处可逃》中，隐居的莫顿冒险出手保护的那对母女，很容易让人想象为是瑞秋和斯特琳。但这个想象是无法成立的，因为短片中的女孩还很小，而故事的年份是 2048 年，下一年《银翼杀手 2049》中的故事就展开了，那时斯特琳已经是一个成年女性。

谜题六：K 是戴卡和瑞秋的儿子吗？

现在我们终于兵临城下，进攻到了影片《银翼杀手 2049》最诡异的堡垒面前。主角 K 是戴卡和瑞秋的儿子吗？这是影片中最难索解的谜题。

K奉女上司之命调查当年瑞秋生孩子的事件，他发现在历史记录中，瑞秋生下了一男一女两个孩子，是双胞胎。K还和他的虚拟女友一起查看了相关记录，确认他自己就是那个男孩。也就是说，K是人类戴卡和复制人瑞秋的混血后代。这件事让他的虚拟女友极为兴奋，她说你既然是"真的"人，就应该有一个人类的名字，她给K起的名字是乔（Joe）。

另一个可以验证K身份的重要情节，是K去找斯特琳，请她检测他自己关于小木马的儿时记忆是被植入的还是原生的。K的这段记忆让斯特琳泪流满面，她非常肯定地告诉K，这段记忆是原生的，这使K确信自己是戴卡和瑞秋的孩子。斯特琳的热泪可以解读为，她不仅早就知道自己的身世，现在也知道了K的身世。

再往后，K找到了隐居多年的戴卡，本来应该是父子相认的温情时刻，两人却先拳脚相加打了一架，原因是K怨恨戴卡当年无情无义抛弃自己和母亲。戴卡向他解释，这是反叛组织为了更好地保守这个惊天秘密有意安排的，并非自己无情无义。于是面对Wallace公司派来的杀手，父子站到了同一战线。

戴卡的解释无疑表明，他已经和密谋反叛的复制人站在了同一战线，这一点和1982年的《银翼杀手》的故事情节有着完整的逻辑传承——在2019年的那个夜晚，戴卡在追杀复制人的过程中反思使命，三观尽毁，最终和与他相爱的复制人瑞秋遁世隐居。所以，此时父子联手对抗公司杀手，当然意味着 K 也站到了反叛的复制人一边。

本来故事讲到这里应该已经没有什么谜题了，不料影片安排了反叛复制人的女首领出来救 K，让女首领一举颠覆了 K 前面对自己身世的步步认知。她告诉 K：你根本不是戴卡和瑞秋的孩子，你就是一个复制人，所有你追查出来的身世信息，都只是我们为了保护"奇迹"而散布的烟幕！K 听后几乎崩溃。

从网上的评论看，几乎所有人都认同了反叛女首领的说法。许多人看到这里，就被这个所谓的"剧情反转"震得五迷三道，开始顶礼膜拜起来。

所谓的"剧情反转"并不存在

但是这些膜拜者看来都没有联想到当年导演斯科特和主角福特为戴卡是不是复制人而发生的争议。戴卡如果是复制人，《银翼杀手》就会失去深刻性；K 如果是复制人，《银翼杀手2049》同样会失去深刻性，而且会产生严重的矛盾。

先说矛盾。女首领曾对 K 强调：保护同类是我们人性的最高表现。既然如此，如果她对 K 所说的"你的身世只是为保护斯特琳而散布的烟幕"是真的，那就意味着他们反叛组织不惜利用甚至牺牲一个同类（K）来保护斯特琳的身世秘密——如果 K 被政府认为是戴卡和瑞秋的孩子，他必遭追杀，这不是公然违背女首领自己刚刚宣示的理念吗？

更严重的问题是，女首领接着居然命令 K 去杀掉戴卡！理由是戴卡已被 Wallace 公司抓捕，会被利用来要挟我们。这个命令的荒谬显而易见：第一，戴卡的忠贞毫无疑问——他早已成为复制人反叛组织的一员，而且还是"革命女神"斯特琳之父，很难设想他会甘心被敌人利用；如他不从，最多是死而已，用得着让"革命同志"去杀害他吗？第二，K 是什么人？此刻他的身份还是朝廷鹰犬，他能接受女首领的命令吗？刚刚他自认是"革命女神"的同胞兄弟、"女神之父"的亲生儿子时，倒还有一点可能，可是女首领已经一举击碎了他的自我认同。何况在这种认同中，要他去杀害生父，也是荒谬绝伦的。

所以，女首领的这个命令，只能理解为一个测试。

测试什么呢？很简单，测试 K 有没有自由意志。如果他有自由意志，他就不会去执行这个极为荒谬的命令。事实上，K 没有执行这个命令——他不仅没有杀戴卡，反而救了他。因此 K 通过了测试。

既然荒谬的命令是测试，那么前面对"K 是戴卡和瑞秋之子"的否认也就难以置信了。这个否认只能理解为测试的一部分，或者是为测试命令服务的。

因此，我们有理由确信，K 就是戴卡和瑞秋之子。

K 的使命：对谜题六的进一步申论

上面对谜题六的解释，特别是对"剧情反转"的否定，会让一些"反转"的膜拜者不服或不爽，所以需要进一步申论。比如，K 为什么需要被测试？

首先，在好莱坞科幻电影中，有一种常见的桥段：一个有着不同凡响的能力、际遇或身世的角色，比如《黑客帝国》中具有徒手挡住子弹的大能的尼奥（Neo），《阿凡达》（*Avatar*, 2010）中成为纳威人首领之女的爱人的萨利（Sully），在《银翼杀手2049》里作为人类和复制人唯一的男性混血后代的 K。这样的角色，通常都是有着重大使命的，他们的使命往往也是类似的：反叛到敌对阵营中成为首领，带领他们走向胜利——实际上他就是救世主。比如尼奥本是虚拟世界的顺民，后来成为反抗组织的首领；萨利本是人类侵略军的战士，后来成为纳威人的首领，打败了人类侵略军。所以《银翼杀手2049》中的 K，其实就是《黑客帝国》中的尼奥，就是《阿凡达》中的萨利。而反叛组织在将这样的角色奉为首领之前，都必然要对他们进行测试。

其次，反叛组织暗中保护两个未来的领袖人物，并让他们分别成长，在科幻影片中也是有桥段的。《银翼杀手2049》中的 K 和斯特琳，就好比《星球大战》（*Star Wars*, 1977—2016）中的天行者卢克（Luke）和莱阿（Leia）公主。所不同的只是卢克有成长过程（毕竟《星球大战》系列有八部之多），而K的武功在出场时已经被训练好了。

K的使命是什么呢？当然就是在《银翼杀手》系列作品的下一部中成为复制人反抗军队的统帅——女首领告诉K，这样的军队已经暗中组织起来了。这下一部作品的名字也不难猜测，应该是类似《银翼杀手：终极之战》这样的片名。

至于终极之战的后果，可以有如下几种：复制人战胜人类，从此统治世界；复制人和人类达成妥协，从此双方和平共处；复制人反抗失败，人类从此严禁复制人的制造，生活在一个没有复制人的世界中。选择哪一种，就要看导演打算在反科学、反人类的道路上走多远了，比如依着卡梅隆（James Cameron）在《阿凡达》中的心性，那就选择第一种。

《银翼杀手》系列作品故事梗概

如果认同了上述六个谜题的答案，那么我们就可以确定如下的故事梗概：

2019年，人类银翼杀手戴卡在追杀反叛复制人时，经过反思，没有彻底执行使命，而是和他所爱的复制人瑞秋遁世隐居。不久戴卡和瑞秋生下了一对男女双胞胎，此事被称为"奇迹"，成为反叛复制人组织高层的机密，也是他们的精神支柱。男孩长大后成为新一代银翼杀手K，女孩则成为制作植入记忆的专家斯特琳。

2022年，反叛复制人策划实施了"大停电"，使得Nexus-8型复制人得以在人间隐名埋姓生存下去。人类政府遂下令禁止复制人的生产。

2036年，Wallace公司的Nexus-9型复制人获准生产。

2048年，隐居的反叛复制人莫顿身份暴露。

2049年，银翼杀手K奉命追杀莫顿，由此发现了"奇迹"，并发现自己就是"奇迹"中的那个男孩。《银翼杀手2049》结尾时，K通过了"天将降大任于斯人也，必先苦其心志"的艰难测试；在"斯特琳研究所"，老年戴卡和一双儿女热泪相逢，他们已经准备好为未来的复制人反抗大业高举义旗。

（原载《读书》2018年第2期）

霍金的意义：上帝、外星人和世界的真实性^{*}

科学之神的晚年站队

一个思想家，或者说一个被人们推许为、期望为思想家的人——后面这种情形通常出现在名人身上——到了晚年，往往会有将自己对某些重大问题的思考结果宣示世人、为世人留下精神遗产的冲动。即使他们自己没有将这些思考看成精神遗产，他们身边的人也往往会以促使"大师"留下精神遗产为己任，鼓励乃至策划他们宣示某些思考结果。史蒂芬·霍金（Stephen Hawking）就是一个最近的例子。

霍金最近发表了——也可能是他授权发表，甚至可能是"被发表"——相当多听起来有点耸人听闻的言论，引起了媒体的极大兴趣。而媒体的兴趣当然就会接着引发公众的兴趣。

---

* 本文为与穆蕴秋合作。

要恰当评论他的这些言论,需要注意到某些相关背景。

最重要的一个背景是:霍金已经成为当代社会的一个神话。所以,任何以他的名义对外界发表的只言片语,不管是真知灼见,还是老生常谈,都会被媒体披露和报道,并吸引公众相当程度的注意力。而当霍金谈论的某些事物不是公众日常熟悉的事物时,很多人慑于霍金神话般的大名,就会将他的哪怕只是老生常谈也误认为是全新的真知灼见。

霍金最近的言论有三个要点:一是关于宇宙是不是上帝创造的,二是关于我们要不要主动和外星文明交往,三是他另一个不太受关注却更为重要的"依赖模型的实在论"观点,恰好都属于这种情形,而且有可能进而产生某些真实的社会影响。

上帝不再是必要的

以前霍金明显是接受上帝存在的观点的。例如在他出版于1988年的超级畅销书《时间简史》中,霍金曾用这句话作为结尾:"如果我们发现一个完全理论,它将会是人类理性的终极胜利——因为那时我们才会明白上帝的想法。"[1]

但霍金现在在这个问题上改变了立场。最近他在新作《大设计》一书末尾宣称:因为存在像引力这样的法则,所以宇宙

---

[1] Hawking S. *A Brief History of Time*. New York: Bantam Books. 1998. 191.

能够"无中生有",自发生成可以解释宇宙为什么存在,我们为什么存在。"不必祈求上帝去点燃导火索使宇宙运行。"① 也就是说,上帝现在不再是必要的了。

科学家认为不需要上帝来创造宇宙,这听起来当然很唯物主义,但是确实有许多科学家相信上帝的存在,相信上帝创造了宇宙或推动了宇宙的运行,他们也同样做出了伟大的科学贡献——牛顿就是典型的例子。"上帝去点燃导火索使宇宙运行"其实就是以前牛顿所说的"第一推动"。

这种状况对于大部分西方科学家来说并不会造成困扰,因为在具体的科学研究过程中,科学家研究的对象是已经存在着的宇宙(自然界),研究其中的现象和规律。至于"宇宙从何而来"这个问题,可以被搁置在无限远处。正如伽利略认识到"宇宙这部大书是用数学语言写成的",但写这部书的仍然可以是上帝;伽利略做出了伟大的科学发现,但他本人仍然是一个虔诚的教徒,他的两个女儿都当了修女。虽然教会冤枉过伽利略,但最终也给他平反昭雪了。

科学和宗教之间,其实远不像我们以前所想象的那样水火不相容,有时它们的关系还相当融洽。比如在"黑暗的中世纪"(现代的研究表明实际上也没有那么黑暗),教会保存和传播了西方文明中古代希腊科学的火种。在现代西方社会中,一个

---

① Hawking S., Mlodinow L. *The Grand Design*. New York: Bantam Books. 2010. 98-99.

科学家一周五天在实验室从事科学研究，到星期天去教堂做礼拜，也是很正常的。

霍金自己改变观点，对于霍金本人来说当然是新鲜的事情，但对于"宇宙是不是上帝创造的"这个问题来说，其实是老生常谈，因为他的前后两种观点都是别人早就反复陈述和讨论过的。霍金本人在《大设计》中也没有否认这一点，在该书第二章中，霍金花去了不小的篇幅回顾先贤们在这一问题上表达的不同看法。比如书中提到，开普勒、伽利略、笛卡尔和牛顿等人就认为自然法则是上帝的成果。而与这种观点相反，后来的法国数学家拉普拉斯排除了出现奇迹和上帝发挥作用的可能性，他认为给定宇宙在某一时间所处的状态，一套完全的自然法则就充分决定了它的未来和过去。霍金选择站在后者一边，他说，拉普拉斯所陈述的科学决定论（scientific determinism）是"所有现代科学的基础，也是贯穿本书的一个重要原则"[①]。

但是霍金抛弃上帝，认为宇宙起源可以用一种超弦理论（即所谓 M 理论）来解释的想法，激起了西方一些著名学者的批评。例如，高能物理学家罗素·斯坦纳德（Russell Stannard）在《观察家报》说：霍金的上述思想是一个科学主义的典型例子。科学主义者通常认为，科学是通往认知的唯一途径，我们将完全理解所有事情。"这种说法是胡说八道，而且我认为这是

---

① Hawking S., Mlodinow L. *The Grand Design*. New York: Bantam Books. 2010. 17-20.

一个非常危险的说法,这使得科学家变得极其傲慢。宇宙因为 M 理论而自发生成,那么 M 理论又从哪里来的呢?为什么这些智慧的物理定律会存在?"英国皇家学院前院长、牛津大学林肯学院药理学教授苏珊·格林菲尔德(Susan Greenfield)也批评霍金沾沾自喜,宣称科学可以得到所有答案:"科学总是容易自满。……我们需要保持科学的好奇心与开放性,而不是自满与傲慢。"她还批评说:"很多科学家都是基督教徒。"①

不过,在中国公众多年习惯的观念中,总是将科学看作康庄大道,而将宗教信仰视为"泥潭",所以看到霍金的"叛变"才格外兴奋,以为他终于"改邪归正"了。霍金只是改变了他的选择——有点像原来是甲球队的拥趸,现在改为乙球队的粉丝了。当然,一个著名粉丝的"叛变"也确实会引人注目。

不要主动和外星文明交往

在第二个问题上,2009 年 5 月份,霍金在发现频道(Discovery Channel)上一档以他本人名字命名的节目《史蒂芬·霍金的宇宙》(*Stephen Hawking's Universe*)中表示,他认为几乎可以肯定,外星生命存在于宇宙中许多别的地方:不仅仅是行星上,也可能在恒星的中央,甚至是星际太空的漂浮

---

① 《霍金 VS 上帝:谁通往终极真理?》,《环球》杂志 2010 年第 20 期。

物质上。按照霍金给出的逻辑——这一逻辑其实也是老生常谈——宇宙有1000亿个银河系,每个星系都包含几千万颗星体。在如此大的空间中,地球不可能是唯一进化出生命的行星。

当然,这样的情景只是纯粹假想的结果,但霍金由此提出一个严肃的告诫:一些生命形式可能是有智慧的,并且还具有威胁性,和这样的物种接触可能会给人类带来灾难性的后果。霍金说,参照我们人类自己就会发现,智慧生命有可能会发展到我们不愿意遇见的阶段,"我想象他们已经耗光了他们母星上的资源,可能栖居在一艘巨型太空飞船上。这样先进的外星文明可能已经变成宇宙游民,正在伺机征服和殖民他们到达的行星"[①]。

由于中国公众以前许多年来都只接触到一边倒的观点——讴歌和赞美对外星文明的探索,主张积极寻找外星文明并与外星文明联络,所以现在听到霍金的主张,中国的媒体和公众都甚感惊奇。其实在这个问题上,霍金同样只是老生常谈,同样只是"粉丝站队"。

在西方,关于人类要不要去"招惹"外星文明的争论,已有半个世纪以上的历史。

主张与外星文明接触的科学界人士,从20世纪60年代开

---

① Leake J. Don't Talk to Aliens, Warns Stephen Hawking. *The Sunday Times*. 2010-04-25 [2010-12-7]. http://www.timesonline.co.uk/tol/news/science/space/article7107207.ece.

始，推动了一系列SETI（以无线电搜寻地外文明信息）计划和METI（主动向外星发送地球文明信息）计划。这样做的主要理由，是他们幻想地球人类可以通过与外星文明的接触和交往而获得更快的科技进步。很多年来，在科学主义的话语体系中，中国公众只接触到这种观点。

而反对与外星文明交往的观点，则更为理智冷静，更为深思熟虑，也更以人为本。半个多世纪以来西方学者在这方面做过大量的分析和思考。比如以写科幻作品著称的科学家布林（D. Brin）提出猜测说，人类之所以未能发现任何地外文明的踪迹，是因为有一种目前还不为人类所知的危险，让所有其他外星文明都保持沉默——这被称为"大沉默"（Great Silence）[1]。因为人类目前并不清楚，外星文明是否都是仁慈而友好的（卡尔·萨根就曾相信外星文明是仁慈的）。在此情形下，人类向外太空发送信息，暴露自己在太空中的位置，很有可能招来那些侵略性文明的攻击[2]。

地外文明能到达地球，一般来说它的科学技术和文明形态比地球文明更先进，因为我们人类还不能在宇宙中远行，不具备找到另一文明的能力。所以一旦外星文明自己找上门来，按

---

[1] Brin D. The Great Silence – the Controversy Concerning Extraterrestrial Intelligent Life. *Royal Astronomical Society*. 1983, 24(3): 283-309.

[2] Brin D. *Shouting at the Cosmos...Or How SETI Has Taken a Worrisome Turn into Dangerous Territory?* 2006 [2010-12-7]. http://www.davidbrin.com/shouldsetitransmit.html .

照我们地球人以往的经验,很可能是凶多吉少。

还有些人认为,外星人的思维不是地球人的思维。他们的文明既然已经很高级了,就不会像地球人那样只知道弱肉强食。但是,我们目前所知的唯一高级文明就是地球文明,我们不从地球人的思维去推论外星人,还能从什么基础出发去推论呢?上面这种建立在虚无缥缈的信念上的推论,完全是一种对人类文明不负责任的态度。

而根据地球人的经验和思维去推论,星际文明中同样会有对资源的争夺。一个文明如果资源快耗竭了,又有长距离的星际航行能力,当然就要开疆拓土。这个故事就是地球上部落争夺的星际版,道理完全一样。

笔者的观点是,如果地外文明存在,我们希望它们暂时不要来。我们目前只能推进人类对这方面的幻想和思考。这种幻想和思考对人类是有好处的,至少可以为未来做一点思想上的准备。但是从另一个角度来看,人类完全闭目塞听,拒绝对外太空的任何探索,也不可取,所以人类在这个问题上有点两难。我们的当务之急,只能是先不要主动去招惹任何地外文明,同时过好我们的每一天,尽量将地球文明建设好,以求在未来可能的星际战争中增加幸存下来的概率。

对地外文明的探索,表面上看是一个科学问题,本质上不是科学问题,而是人类自己的选择问题。我们以前的思维习惯是只关注探索过程中的科学技术问题,而把根本问题(要不要探索）忽略不管。

在中国国内，笔者的研究团队从 2008 年开始就已经连续发表论文和文章，论证和表达同样的观点。比如发表在《中国国家天文》上的 2009 年国际天文年特稿《人类应该在宇宙的黑暗森林中呼喊吗？》一文中，我们就明确表达了这样的观点：至少在现阶段，实施任何形式的 METI 计划，对于人类来说肯定都是极度危险的。①

"依赖模型的实在论"——霍金在一个根本问题上的站队选择

前面谈及的，霍金关于宇宙是不是上帝创造的以及我们要不要和外星文明交往这两个问题的最新看法，很受中外媒体的关注。其实霍金近来意义最深远的重大表态，还不在这两个问题上。

在《大设计》中，霍金还深入讨论了一个就科学而言具有某种终极意义的问题——和前面提到的两个问题一样，霍金仍然只是完成了站队，并没有提供新的立场。但是考虑到霍金"科学之神"的传奇身份和影响，他的站队就和千千万万平常人的站队不可同日而语了。正是在这个意义上，我们认为霍金在前面两个问题上"有可能用老生常谈做出新贡献"，而在我们

---

① 江晓原、穆蕴秋《人类应该在宇宙的黑暗森林中呼喊吗？》，《中国国家天文》2009 年第 5 期。

下面要讨论的这个重大问题上,霍金已经不是老生常谈了,因为他至少做出了新的论证。

(一)金鱼缸中的物理学

在《大设计》标题为"何为真实"(What Is Reality?)的第三章中,霍金从一个金鱼缸开始了他的论证。①

假定有一个鱼缸,里面的金鱼透过弧形的鱼缸玻璃观察外面的世界,现在它们中的物理学家开始发展"金鱼物理学"了。它们归纳观察到的现象,并建立起一些物理学定律,这些物理学定律能够解释和描述金鱼们透过鱼缸所观察到的外部世界,甚至还能够正确预言外部世界的新现象——总之,完全符合我们人类现今对物理学定律的要求。

霍金相信,这些金鱼的物理学定律,将和我们人类现今的物理学定律有很大不同,比如,我们看到的直线运动可能在"金鱼物理学"中表现为曲线运动。

现在霍金提出的问题是:这样的"金鱼物理学"可以是正确的吗?

按照我们以前所习惯的想法——这种想法是我们从小受教育的时候就被持续灌输到我们脑袋中的——这样的"金鱼物理学"当然是不正确的,因为"金鱼物理学"与我们今天的物理

---

① Hawking S., Mlodinow L. *The Grand Design*. New York: Bantam Books. 2010. 21.

学定律相冲突,而我们今天的物理学定律被认为是"符合客观规律的"。但我们实际上是将今天对（我们所观察到的）外部世界的描述定义为"真实"或"客观事实",而将所有与我们今天不一致的描述——不管是来自金鱼物理学家的,还是来自前代人类物理学家的——都判定为不正确。

然而,霍金问道:"我们何以得知我们拥有真正的没被歪曲的实在图像？……金鱼的实在图像与我们的不同,然而我们能肯定它比我们的更不真实吗？"

这是一个非常深刻的问题,答案并不是显而易见的。

（二）霍金"依赖模型的实在论"意味着他加入了反实在论阵营

在试图为"金鱼物理学"争取和我们人类物理学平等的地位时,霍金非常智慧地举了托勒密和哥白尼两种不同的宇宙模型为例。这两个模型,一个将地球作为宇宙中心,一个将太阳作为宇宙中心,但是它们都能够对当时人们所观察到的外部世界进行有效的描述。霍金问道：这两个模型哪一个是真实的？这个问题和上面他问"金鱼物理学"是否正确其实是同构的。

尽管许多人会不假思索地回答托勒密是错的,哥白尼是对的,但是霍金的答案却并非如此。他明确指出："那不是真的。……人们可以利用任一种图像作为宇宙的模型。"霍金接下去举的例子是科幻影片《黑客帝国》(*Matrix*, 1999—

2003）——在《黑客帝国》中，外部世界的真实性受到了颠覆性的质疑。

霍金举这些例子到底想表达什么想法呢？很简单，他得出一个结论："不存在与图像或理论无关的实在性概念。"（There is no picture- or theory-independent concept of reality.）而且他认为这个结论"对本书非常重要"。所以他宣布，他所认同的是一种"依赖模型的实在论"（model-dependent realism）。对此他有非常明确的概述："一个物理理论和世界图像是一个模型（通常具有数学性质），以及一组将这个模型的元素和观测连接的规则。"霍金特别强调了他所提出的"依赖模型的实在论"在科学上的基础理论意义，视之为"一个用以解释现代科学的框架"。①

那么，霍金的"依赖模型的实在论"究竟意味着什么呢？

这马上让人想到哲学史上的贝克莱主教（George Berkeley, 1685—1753）——事实上，霍金很快就在下文提到了贝克莱的名字和他的名言"存在就是被感知"。非常明显，霍金所说的理论、图像或模型，其实就是贝克莱用以"感知"的工具或途径。这种关联可以从霍金"不存在与图像或理论无关的实在性概念"的论断得到有力支持。

在哲学上，一直存在着"实在论"和"反实在论"。前者就是我们熟悉的唯物主义信念：相信存在着一个客观外部世界，

---

① Hawking S., Mlodinow L. *The Grand Design*. New York: Bantam Books. 2010. 24.

这个世界不以人的意志为转移，不管人类观察、研究、理解它与否，它都同样存在着。后者则在一定的约束下否认存在着这样一个"纯粹客观"的外部世界。比如"只能在感知的意义上"承认有一个外部世界。现在霍金以"不存在与图像或理论无关的实在性概念"的哲学宣言，正式加入了"反实在论"阵营。

对于一般科学家而言，在"实在论"和"反实在论"之间选择站队并不是必要的，随便站在哪边，都同样可以进行具体的科学研究。但对于霍金这样的"科学之神"来说，也许他认为确有选择站队的义务，这和他在上帝创世问题上的站队有类似之处。他的"不需要上帝创造世界"的观点也许被我们视为在向唯物主义靠拢，谁知《大设计》中"依赖模型的实在论"却又更坚定地倒向唯心主义了。

这里顺便指出，吴忠超作为霍金著作中文版的"御用"译者，参与了霍金绝大部分著作的中文版翻译工作，功不可没。但在他提供给报纸的提前发表的《大设计》部分译文中，出现了几个失误。[①] 最重要的一个，是他在多处将 realism 译作"现实主义"，特别是将"依赖模型的实在论"译成"依赖模型的现实主义"，这很容易给读者造成困扰。realism 在文学理论中确实译作"现实主义"，但在哲学上通常的译法应该是"实在论"，而霍金在《大设计》中讨论的当然是哲学问题。在这样的

---

① 吴忠超《没有人看见过夸克——霍金最新力作〈大设计〉选译》，《南方周末》2010年10月7日。

语境下将 realism 译作"现实主义",就有可能阻断一般读者理解相关背景的路径。又如托勒密的《至大论》(*Almagest*),霍金在提到这部著作时称它为 a thirteen-book treatise,这当然是正确的,但是译成"一部十三册的论文"就不妥了,宜译为"一部十三卷的论著"。

《大设计》可能成为霍金的"学术遗嘱"

《大设计》作为霍金的新作,一出版就受到了极大关注——《科学》(*Science*)、《自然》(*Nature*)等有影响力的杂志几乎在同一时间发表了评论文章。[①][②]之所以出现这样的情形,除了霍金所具有的媒体影响力之外,恐怕还有一个重要的原因——此书极有可能成为霍金留给世人的最后著作。

霍金在书中的两个被认为最为激进的观点,在两份书评中都受到了特别的关注:他声称利用量子理论证明了多宇宙的存在,我们这个宇宙只是同时从无中生出、拥有不同自然法则的多个宇宙中的一个;预言 M 理论作为掌管多世界法则的一种解释,是"万有理论"的唯一切实可行的候选。

不过,在《自然》杂志的书评作者迈克尔·特纳(Michael

---

① Silk J. One Theory to Rule Them All. *Science*. 2010-10-08. 330 (6001): 179-180.
② Turner M. Cosmology: No Miracle in the Multiverse. *Nature*. 2010-10-06. 467: 657-658 .

Turner）看来，霍金的上述论断其实并不太具有说服力。根本原因是，多宇宙这一颇有创见的思想虽然"有可能是正确的"，但就目前而论，它却连能否获得科学资格都是有疑问的——不同宇宙之间无法交流，我们并不能观测到其他宇宙，这导致多宇宙论成为一个无法被检验的理论。而特纳认为，霍金在《大设计》中其实只是用多宇宙这一存在争议的观点"替代而不是回答了关于怎样选择和谁选择的问题"，并没有真正回答宇宙为什么是"有"而不是"无"。至于霍金主张的引力让万物从无中生有，则是从根本上回避了空间、时间和M理论为何如此的问题。

霍金在《大设计》的第一页便宣称"哲学已死"，这一高傲的姿态也激怒了不少人士。例如《经济学人》上的书评认为：霍金宣称"哲学已死"，却把自己当成了哲学家，宣布由他来回答基本问题，"这些言论与现代哲学很难作比，……霍金与莫迪纳把哲学问题看成闲来无事喝茶时的消遣了"。[①]

虽然一些人对霍金书中的观点持有异议，但霍金本人的影响力却是不能不承认的，用特纳的话来说就是"只要是霍金，人们就愿听"，况且霍金清楚、直白、积极的表达方式还是很具煽动性的。

就本文所分析的霍金最近在三个重要问题——上帝、外星

---

① 《霍金VS上帝：谁通往终极真理？》，《环球》杂志2010年第20期。

人和世界的真实性——上的站队选择而言，笔者认为，最有可能对人类社会产生深远影响的是第二个问题：霍金加入了反对人类主动与外星文明交往的阵营。就笔者所知，他可能是迄今为止加入这一阵营的最"大牌"的科学家。考虑到霍金的影响力，尽管这也不是他的创新，但很可能成为他对人类文明做出的最大贡献。

（原载《上海交通大学学报》2011年第1期）

辑四　鉴赏性质的评论

阿西莫夫：科幻、科普、神秘主义？

前几年我出版了《江晓原科幻电影指南》，对这样高调的书名有点不太自信，我的学生穆蕴秋博士安慰我说：这有什么？阿西莫夫写过《阿西莫夫科学指南》《阿西莫夫〈圣经〉指南》和《阿西莫夫莎士比亚指南》呢。其实《阿西莫夫科学指南》我40年前就读过，那时我在南京大学天文系天体物理专业念本科，不过我读的是科学出版社1977年前后的四册平装版，每册各有书名，副标题则是《自然科学基础知识》第一、二、三、四分册。

今年是艾萨克·阿西莫夫（Isaac Asimov）100周年诞辰。我算不上"阿迷"，但读过他的不少作品，对他在科幻、科普两界的段位，都还有些领略。因为在中国"阿迷"不少，其中几位高段位的我还都颇有交往，关于阿氏生平的一般情形，科普界的新老"阿迷"们早就写过许多文字，本文就从略了。

阿西莫夫以科幻小说起家，但中间有一段时间作别了科幻创作，致力于科普创作，再次使他大名鼎鼎。所以在科幻、科普两界，阿西莫夫到底在哪一界地位更高，竟是难有定论。中国的"阿迷"们在这个问题上，估计也会莫衷一是。

当年阿西莫夫和科幻作家阿瑟·克拉克订有"克拉克/阿西莫夫条约"：阿西莫夫承认克拉克是世界上最好的科幻作家，克拉克承认阿西莫夫是世界上第二好的科幻作家；克拉克承认阿西莫夫是世界上最好的科学作家（"科学作家"这个词，指称的对象在中国习惯被称为"科普作家"），阿西莫夫承认克拉克是世界上第二好的科学作家。这样的"条约"，当然可以视为当年踌躇满志的美国文人自我膨胀的意淫，但也从一个侧面说明了阿西莫夫在两界中的段位。

阿西莫夫的科幻小说中，名声最大、篇幅最长、写作时间跨度最久的作品，当数《基地》（*Foundation*）系列，凡 11 卷，依照故事顺序为:《基地前奏》上下、《迈向基地》上下、《基地》、《基地与帝国》、《第二基地》、《基地边缘》上下、《基地与地球》上下。第一篇写于 1941 年，最后一篇写于 1992 年，时间跨度长达半个世纪。讲述一个名叫谢顿的人，发明了一种"心理史学"，可以预测银河帝国未来的盛衰，为了让帝国崩溃和重建的这段黑暗时期从 3 万年缩短为 1000 年，谢顿建立了两个基地，秘密做好准备。史诗般的故事和结构，宏大壮阔，气象万千，据说是吉本《罗马帝国衰亡史》触发了阿西莫夫的灵感，他将一部古老的帝国盛衰史在银河系遥远未来的时空中全新搬演。

《基地》还涉及多个重要概念：心理史学、盖娅学说、中空月球、人类未来、机器人定律、电脑发展的极限、能够左右历史的人工智能等。

1957年阿西莫夫在科幻小说创作上"封笔"之后，他的那些科幻小说读者和出版商却始终放他不过，一直要求他将《基地》系列继续写下去。在停顿了15年之后，阿西莫夫终于再作冯妇，开始写《基地》的"续篇"和"前传"，结果甚至比当年的《基地》更加畅销。2001年"9·11"恐怖袭击之后，因为有传言说"基地"组织的名称和运作可能受到了《基地》小说的启发，《基地》小说再次引人注目。

虽然《基地》小说给阿西莫夫带来了意想不到的声誉和财富，他却在1957年戛然停止了科幻小说的写作，转入科普创作——据说是响应艾森豪威尔总统的号召。新的写作继续为他带来声誉和财富。他从1958年起在《奇幻和科幻杂志》（*Fantasy and Science Fiction*）上写专栏。这是一种科幻文学界享誉已久的老牌文学杂志，内容包括短篇科幻小说、访谈、书评、影评等，这些文章基本上可以归入"科普"。据他晚年自述：我这一生为《奇幻和科幻杂志》写了399篇文章。写这些文章给我带来了巨大的欢乐，因为我总是能够畅所欲言。

阿西莫夫的科普作品风行世界，他生前出版了数百种图书，与此同时他还走上电视，成为向公众传播科学的明星，被誉为"我们这个时代伟大的讲解员"。

虽然从本质上说，阿西莫夫无疑是一个热爱科学的人，而且他也多次明确表示自己是一个无神论者，但他思想开明，有宽容心态，接受多元的理念。更何况他以科幻起家，而在他开始科幻创作之前数十年，乔治·威尔斯已经开辟了科幻小说中反思科学的世纪潮流，所以反思科学，或者对科学主义立场有所偏离，对于阿西莫夫来说也是习以为常的。

事实上，阿西莫夫的科学随笔实在是太与众不同了。和我们中国读者所熟悉的"科学随笔"相比，它们有时候简直就像登错了杂志的文章。

这里我们不妨剖析一个案例以见一斑：在《宇宙秘密：阿西莫夫谈科学》一书中，有一篇"庞培与命运"——等一下，不是谈科学吗？难道庞培也能和科学有关系？对罗马历史有所了解的人当然对庞培（Gnaeus Pompeius）不陌生，但是让"庞培与命运"这样一篇万字长文出现在一本科幻或科普杂志上，对于中国的主编、编辑和读者来说，都是难以想象的——除非阿西莫夫写的是以庞培为主人公的科幻小说。

然而，阿西莫夫写的是"非虚构作品"。他先用流畅的文笔简要叙述了庞培的一生：他的出身、政治投机、军事冒险、凯旋和他一度如日中天的声誉……直至他58岁那年被暗杀为止。这些故事和我们通常从有关罗马历史的书中读到的并无不同。阿西莫夫凭什么让《奇幻和科幻杂志》这样一本杂志，容忍他用1万字的篇幅，将庞培的一生这样一个看上去绝对老生常谈而且和科学毫无关系的故事再讲一遍呢？但这还不是最大的问题。

阿西莫夫在此文中最大的问题在于，他叙述庞培一生的故事时，强调了他42岁那年是一个分水岭：42岁之前，庞培好运无边，从一个胜利走向另一个胜利，直至他政治、军事生涯的巅峰；42岁之后，庞培厄运无穷，从一个失败走向另一个失败，直至在埃及死于非命。那么，在这分水岭的42岁那年，庞培遇到了什么事情呢？阿西莫夫先说只是发生了一件小事，小到可以忽略不计，但在故事的结尾，他补叙了这件事——庞培在耶路撒冷时，不听劝告擅自走进了犹太教圣殿中一个隐秘的房间。

阿西莫夫在此处特意加了一个脚注："要是你以为我自己变得神秘了，请再读一遍本文开头的部分。"——他指的是他在该文开头一段关于理性主义和神秘主义的讨论。

读到这里，阿西莫夫神秘主义的狐狸尾巴就露出来了，这时他还像一个理性主义者或无神论者吗？

也许有人会说，阿西莫夫在这篇作品中只是故弄玄虚而已，已经偏离了他一贯秉持的理性主义立场。但我们从这篇作品可以看出：即使我们同意阿西莫夫基本上是一个理性主义者（他1957年突然封笔科幻小说而转向科普创作，也可以视为在理性主义思想指导下的一种行动），但是从他各种作品比如《基地》系列小说来看，他肯定是一个宽容的理性主义者，这篇"庞培与命运"同样可以证明这一点。

有人曾问阿西莫夫："科学是不是能解释一切事物？"阿西

莫夫明确回答："我肯定科学不能解释一切。"这番问答对于理解阿西莫夫至关重要。例如在"庞培与命运"所述的故事中，科学无法对庞培的命运转折提供令人满意的解释。也许阿西莫夫写这篇庞培的故事，目的就是用它表明世间确有仅用理性（科学）无法解释的事情？

阿西莫夫并不僵化，也绝不缺乏想象力——笑话，一个成功的科幻作家怎么可能缺乏想象力？他只消将写科幻小说的想象力略出余绪，用一小部分到他的科普创作中，就可以给人惊才绝艳的感觉。

行文至此，我决定冒着被众"阿迷"拍砖的风险，对阿西莫夫在科幻和科普两界中究竟哪一界段位更高的问题，给出我自己的明确答案：我认为阿西莫夫在科幻方面段位更高。想想今天越来越受到关注的"机器人三定律"，也是阿西莫夫在他的科幻小说中提出的，如今已经进入哲学、伦理、法律等层面的思考之中，这在古今科幻作家作品中找不出第二个类似的例子，也足以印证我所言不虚吧？至于他和克拉克谁第一谁第二，哈哈，让他们在那个世界继续争论吧——要知道，第一的候选人有好几个呢！

（原载《第一财经日报》2020年1月17日）

从《无限的清单》到《清明上河图》

几年前旅行至旧金山,去"城市之光书店"逛过几次,那里当年曾是"垮掉的一代"活动的大本营。不过,我当时倒没有在那里买凯鲁亚克或金斯堡,而是买了一些别的书。其中有一本翁贝托·艾柯的《无限的清单》(*The Infinity of Lists*, 2009),因为十分奇特,买回后时常浏览把玩。后来此书中译本相继在台湾和大陆出版,承出版社惠赐一册,当然把玩更勤了。

此书的奇特,首先在于书中的插图。作为标准的图文书,此书插图篇幅殆过其半,这倒不算什么,奇特的是对图的选择。艾柯学养深厚,对图的选择又别具手眼,他编著或参与编著的几种著名图文书,如《美的历史》《丑的历史》《时间的故事》等,选图皆与众不同。这种对图的选择能力,是建立在学养、天性、情趣等基础之上的,具有强烈的个人色彩,并非靠"勤奋"就能获得,别人也很难模仿。

但《无限的清单》的奇特,主要还不在图的选择上,而在书的主题及论述思路——图固然精美奇特，但主要是为这个主题和思路服务的。

"清单"算什么主题？特别是，艾柯并未将"清单"神秘化或玩弄概念游戏（从他创作的小说来看，这原是他拿手的），"清单"就是我们日常话语中的那个意思，比如饭店里的菜单就是一种清单。这样一个再平常不过的概念，居然能倒腾出一本400多页的书？

翁贝托·艾柯就有这个能力。

当然，艾柯这样聪明博学的人，十九不会犯太低级的错误，他应该知道选择"清单"作为主题意味着什么。在该书"导论"中，他一上来就告诉读者："卢浮宫邀请我挑选一个主题来筹办一系列会议、展览、公开朗读、音乐会、电影，我毫不犹豫，提出清单（也包括目录、枚举）这个主题。"

你看看，还远远不止一本400页的书呢！还要让卢浮宫举办一系列的文化活动呢！可是他提出这个主题居然"毫不犹豫"，显然是以前早就反复思考过的。

这就要琢磨琢磨这本书的名字了。从翻译的角度来说，《无限的清单》虽然不失为一个可取的书名，听上去简洁响亮，实际上却偏离了重点。英文书名的重点在Infinity一词上，这里可译为"无限性"。如果书名译作"清单的无限性"，听起来有点啰唆，但能够比较准确地传递艾柯的想法——这本书的重点就是讨论清单的无限性。

饭店里的菜单虽然也是一种清单，但这种"有限清单"确实是没有什么可讨论的。在这本图文并茂的400多页的书中，艾柯引用了西方文学史和艺术史上的大量作品，来讨论这样一个问题：文学家和艺术家如何表现清单的无限性？这本奇书的要旨，让我试着将自己的理解用大白话说出来，其实相当简单，就是两点：

一、在文学和艺术中，"拉清单"都是一种常见的表现手法——包括"有限清单"和"无限清单"。

二、世间任何文学或艺术作品的篇幅总是有限的，为了在有限的篇幅中表现清单的无限性，需要采用各种手法。这些手法归纳起来，用艾柯的话来说，就是"依违于'无所不包'和'不及备载'之间"。

这就需要举例了，《无限的清单》中有许许多多的例子。比如在荷马史诗《伊利亚特》中，为了表现希腊联军的浩浩荡荡，先是这么说："兵甲耀日的那片人潮，有如一场烧遍森林的大火，又像一群如雷霆横空般飞过苍穹的雁或鹤。"这是并列的比喻，也就是枚举，也就是开始"拉清单"了。但这样一个短短的"有限清单"显然太不给力，荷马认为这里需要一个"无限清单"，或者说，需要展示清单的无限性，所以接着写道："指点我吧，哦，住在奥林比斯山上的缪斯……我不要将大军一一点名，即使我有十条舌头十张嘴。"接下去他说他只举出船长和船的名字，结果拉这个清单花掉了350节诗的篇幅。

文学是如此，艺术也类似。在"阿喀琉斯之盾及其形式"一节中，艾柯举希腊神话中阿喀琉斯的母亲为他准备的盾为例——关于这张盾上的图案内容的描述，又要依靠荷马史诗《伊利亚特》了。这张盾其实就是一个"无限清单"，上面有日月星辰、山川河流，还有人烟稠密的城市，城市中还描绘了婚宴狂欢、法官判案，还有详细的战争场面……

当然，我们知道，在现实生活中不可能有这样的盾，一张小小的盾上没有可能描绘出这么多的细节，就算可能，如此精雕细刻的盾也不可能用到战场上——那可是要被刀枪剑戟砍砸劈刺的呀。但是，这是神用的盾，那就没问题了。于是"阿喀琉斯之盾"就变成后世艺术家创作时的固定题目，通常呈圆形，在上面描绘日月星辰、山川河流和人间百态。艾柯在书中给出了两幅这样的作品（5世纪、19世纪）。

艾柯也许还不知道，"阿喀琉斯之盾"的表现手法并非希腊人所独有。它立刻让我联想到中国的《清明上河图》。

北宋张择端作《清明上河图》长卷，描绘汴京城中的日常生活百态，此后《清明上河图》也成为后世艺术家创作时的固定题目，画家在这个题目下描绘各自所在城市的生活场景。虽然"阿喀琉斯之盾"常呈圆形，而《清明上河图》必为长卷，但它们同样都是一种"依违于'无所不包'和'不及备载'之间"的"无限清单"——艺术家描绘了有限的场景，同时暗示读者：还有无数场景，我就不画出来了……这种暗示，在一代一代相同题目的创作和欣赏中,已经成为艺术家和读者之间心照不宣的共同约定。

《无限的清单》,〔意〕翁贝托·艾柯编著,彭淮栋译,中央编译出版社,2013年,定价:198元。

(原载《第一财经日报》2014年3月12日)

里芬斯塔尔：影史奇人或纳粹余孽
——《里芬斯塔尔回忆录》

电影史上有几部非常奇特的影片，地位很高，被奉为经典，却是政治上不正确，甚至是反动的。比如格里菲斯的《一个国家的诞生》(The Birth of a Nation, 1915)，里面公开赞扬3K党的暴行。这类影片中名头最大、艺术成就和政治内容反差最大的，肯定要数里芬斯塔尔的纪录片《意志的凯旋》(Triumph of the Will, 德文：Triumph des Willens, 1935)，影片得了威尼斯影展的金奖，得了巴黎世界博览会的电影金奖，后一个奖项还是由当时的法国总理达拉第亲自颁授的。

这部影片的中文片名有时又作《意志的胜利》，实有混淆之虞，因为此前里芬斯塔尔已经为纽伦堡的纳粹党代会拍过一部纪录片，片名是《信仰的胜利》(Sieg des Glaubens, 这个片名是希特勒亲自定的)。后者知名度不大，它最大的影响，看来就是导致希特勒坚持要里芬斯塔尔为下一年的纽伦堡纳粹党代会再拍一部纪录片，这才催生了《意志的凯旋》。

《意志的凯旋》被认为是电影史上空前绝后的最成功的政治宣传片，可惜的是里芬斯塔尔将她惊人的艺术才华用在了为纳粹的反动宣传服务上。网上流传着一段"北京电影学院教授"的说法，说他"从来不敢把《意志的凯旋》完整地放给学生看，因为看过这部片子后有超过 60% 的学生成为纳粹的追随者，其余的 40% 只需再看一遍即可达到同样效果"云云。这在世界反法西斯战争胜利 70 周年的今天来看，当然是极度过甚其词的夸张，尽管在 1935 年，这部影片蛊惑人心的煽动效果确实是令人惊异的。

　　莱妮·里芬斯塔尔（Leni Riefenstahl）1902 年生于德国，美丽，聪明，勇敢，集舞蹈演员、电影明星、作家、编剧、导演、制片人、摄影家、潜水员等身份于一身。因为替纳粹当局拍了《意志的凯旋》和反映柏林奥运会的纪录片《奥林匹亚》（*Olympia*，1938）——这部影片又得了包括威尼斯影展金奖在内的四个大奖，声名如日中天，被视为纳粹特殊的吹鼓手，甚至被传说是希特勒的情妇。

　　第三帝国倒台的岁月中，她七次被捕，三次被审判。虽然分别由美、法、德先后进行的这三次审判都判她无罪释放，但她的电影事业毕竟无法持续了。她被人们视为"纳粹余孽"，处处遭到封杀和白眼，丈夫也和她离婚了。20 世纪 50 年代她到非洲拍摄土著努巴人，70 年代她隐瞒 20 岁年龄学习了潜水，在世界各地拍摄海底风光。当她的这些努力再次赢得世人欣赏时，人们对她"纳粹余孽"身份的厌恶渐趋宽容，影片《意志的凯旋》和《奥林匹亚》也被解除禁映，如今这两部影片在电影艺术史上已被公认为经典。

里芬斯塔尔晚年开始写作回忆录，回顾她传奇的一生，85岁那年写完，厚达900余页。目前中国读者可以读到的中译本约59万字，整整600页，但这已经是删节过的版本，篇幅只有原版的三分之二多一点。写完回忆录后，她又活了16年，2003年101岁时方才去世。

在里芬斯塔尔多姿多彩充满冒险的传奇生涯中，她30多岁时那段获宠于第三帝国和希特勒的"辉煌时期"，成为她此后漫长岁月中挥之不去的阴影。她的名言"不要因为我为希特勒工作了七个月就否定我的一生"，既是一个告白，更是一种祈求。

在里芬斯塔尔的多重身份中，作为作家，她的成就可能相当一般。从中译本来看，《里芬斯塔尔回忆录》基本上就是平铺直叙，在技巧上乏善可陈。不过，由于她当年是希特勒和纳粹高官们的座上宾，所接之人，所历之事，随处都耸人听闻不同凡响，不是富有八卦色彩的史料，就是富有史料价值的八卦，所以对写作技巧可以不必再用心讲求。限于篇幅，下面姑举一例以见一斑。

拍摄《意志的凯旋》时，纳粹的政要们纷纷向希特勒要求，希望自己能够在影片中露脸并卖弄一下自己部门的"贡献"，而里芬斯塔尔从艺术上考虑不肯答应他们的要求。希特勒居然放下身段来协调此事。他向里芬斯塔尔建议，由他自己带着政要们到摄影棚,让政要们挨个在镜头前讲几句话。"每个人都有爱虚荣的一面……我这是想帮助您",希特勒"苦口婆心"地劝说她。谁知里芬斯塔尔耍起小姐脾气,跺脚拒绝。这一下惹恼了希特勒,要她"别忘了站在您面前的是谁",然后拂袖而去。此事如何收场,里芬斯塔尔没说,不过看来她最后还是服从了,因为从影片看,政要们确实如希特勒建议的那样挨个露了脸,每人还都慷慨激昂地说了几句假大空的豪言壮语。

需要注意的是,里芬斯塔尔这部回忆录是在第三帝国灭亡40多年后才写成的,书中涉及的人物大都已经作古,所以书中许多细节的真实性是难以验证的。比如在她笔下,《意志的凯旋》和《奥林匹亚》都是由于希特勒强迫命令,她百般推辞不掉,才被迫接下任务负责拍摄的。但是从常情常识出发,想想彼时彼地的情境,那时纳粹主义和希特勒正让千千万万德国人神魂颠倒五体投地,里芬斯塔尔哪里那么容易众醉独醒?再想想作为电影导演,"极峰"特别委任,一路绿灯全国配合,无限资金任她调用,有几个人拒绝得了这样的诱惑?诚如黑泽明所言,"人性中的虚饰,到死都难免",里芬斯塔尔恐怕亦难幸免。

《里芬斯塔尔回忆录》,〔德〕莱妮·里芬斯塔尔著,丁伟祥等译,学林出版社,2007年,定价:39.80元。

(原载《第一财经日报》2015年3月4日)

灵魂伴侣对话：拷问还是双簧？

1974年夏天和秋天，波伏娃对萨特做了持续的访谈。事后她对访谈记录做了整理，删除了一些她认为"毫无意义"的内容，并保证她整理出来的内容可以让读者"从中找到萨特百转千回的思想历程，听到他活灵活现的声音"。在这个对话的前面，波伏娃又加上了她写的关于萨特生命最后十年（1970—1980年）的回忆录。两个部分合并在一起，访谈约占四分之三，回忆录占四分之一。国内在20世纪90年代曾以《萨特传》的书名出版过中译本，作者署波伏娃。此次新版，书名改为《告别的仪式》（*La cérémonie des adieux*）。

要欣赏这部作品，需要对萨特和波伏娃的关系有大致的了解。萨特长波伏娃两岁，两人在年轻时相遇相爱而成终身伴侣，但始终没有结婚和生育。在性关系上，他们免除了相互忠诚的义务，但承诺相互坦诚并将对方放在"第一位置"，尽管研究者认为两人并未不折不扣地相互"坦诚"。据波伏娃在致友人的信件中回忆，他们只在同居关系的前八到十年还有着不甚理想的性爱。也就是说，基本上在 35 岁以后，两人之间就没有性爱了，但此前此后他们都和别的异性有着或长或短的性爱关系。不过，始终将对方放在"第一位置"，他们基本做到了，所以世人将他们视为"灵魂伴侣"，两人应该当得起。

在 1974 年夏秋对话时，萨特的身体状况已经不好，五年后他就去世了。所以这部访谈带有某种自传色彩，这应该也是它先前被起名为《萨特传》的原因之一。但谈话本身又是相当随意的，即使已经由波伏娃做了整理，仍然看不出什么严密的结构和设计感。它给读者最强烈的印象，是提问的波伏娃经常让人十分难堪，而回答的萨特则无论什么问题都能够坦然直面，老实——至少看上去是如此——回答。

访谈一开头就将萨特引向了对少年时代的回忆，读书、写作，等等。这看上去和常见的媒体访谈没什么两样，考虑到这类访谈在萨特和波伏娃各自的以往岁月中都已是家常便饭，这些部分就有点像唱双簧的样子。波伏娃在访谈前言中说，她有时候"问题没有提到点子上"，而这种给人"双簧"之感的部分，想必就属于问题"提到点子上"了。

但随着波伏娃"谈谈您和女人的关系"的提议开始，访谈就渐渐呈现出"拷问"色彩了。萨特先是招认，自己童年时，那些比他年长 20 岁左右的年轻女性"常常抚摸我，我最初的肉欲是伴随着这些女人发展起来的"。这种肉欲的表现形式，是他

"很早就对女性的形体，即她们的乳房和屁股感兴趣"。萨特甚至回忆到了自己儿时装睡偷窥母亲脱去衣服时所呈现的肉体的情节。

进入这个阶段，波伏娃的一些提问带有明显的"诱供"色彩。例如波伏娃提示："您心中已有了一种见解：年轻男子应该和女子发生恋情——这是一件不容更改的事。"萨特的回应是："作为作家，我应该和许多女人有充满激情的恋爱关系……这是我从很多写大作家的书中得出的结论。"

接下去的场景可想而知，波伏娃顺势将萨特和多位女性的关系逐一拷问。但她"您第一次和女人上床是什么时候"这样的问题，无论如何还是会让中国读者感觉有点太……至少不够含蓄吧？不过，萨特还是老老实实回答了，说是他在路易大帝中学念哲学班的第二年，那年他18岁，和她上床的女性30岁。萨特怯生生地回忆，"我总算应付下来了，她看起来挺满意"，但当萨特告诉波伏娃这个女子没再找他约过第二次时，立刻遭到波伏娃不留情面的嘲笑："那她可能没那么满意。"

当然，对于这样两个有学识的谈话者来说，无论多么肉欲多么庸俗的个案，一不小心还是会上升到理论层面。波伏娃问萨特，女人身上什么东西最吸引他。萨特真诚地回答："无论什么都吸引我！"这个回答又引起了波伏娃的嘲笑，可是当她看到萨特因为被带到沟里而发出"啊！老天……"这样的哀鸣时，又赶紧哄他："有时候一些女人要投怀送抱，您却拒绝了她们。"萨特供认，他的梦中情人是一个有着模特身材的金发女郎，随后他和波伏娃进入了女性与存在主义关系的哲学讨论。

当访谈进入与政治有关的内容时，"拷问"很自然地又转向双簧。例如萨特谈到了他和法国共产党的关系："很快出现了一个十分强大的共产党，它包括三分之一的法国人，比战前任何时候都强大得多……我创办了《现代》，我们是左翼，但不是共产党。"波伏娃就会相当凑趣地提问："您创办《现代》的部分原因是为了立场清晰地参加政治斗争吧？"萨特回答："确切地说不是。"

萨特和共产党的关系也是饶有趣味的，1951—1955年萨特被认为明显倾向于社会主义阵营，这期间他访问了苏联，1955年萨特和波伏娃还访问了中国，并受到陈毅的接见。但第二年他就和法共"决裂"了。然而到了60年代，他又再次接近共产党。一些西方学者对萨特在这个问题上的反复和摇摆颇有微词，有人将共产党比喻成萨特"替代性的父亲"，并说萨特和这位父亲"有一种爱恨交织的关系"。不过，这种关系在《告别的仪式》中并未得到充分的反映。

《告别的仪式》，〔法〕西蒙娜·德·波伏娃著，孙凯译，上海译文出版社，2019年，定价：75元。

（原载《中华读书报》2019年11月20日）

那部传说中的千年秘籍《医心方》

从几个方面来看,《医心方》都不愧为"千年秘籍"。

此书由日本人丹波康赖编撰,据书前之序,成书的年份为中国北宋的太平兴国七年(公元982年),这年本来是日本圆融天皇的"永观"二年,不过这一年这位天皇将皇位让给了花山天皇,自己退位为"上皇"了。编成《医心方》在当时也算日本文化界的一件大事,但此书长期深藏,不为世人所知,直到将近九个世纪之后的公元1854年,方才刊印行世。

1982年春,我进入北京的中国科学院自然科学史研究所念研究生。当时自然科学史研究所的图书馆,已经是国内最好的科学史专业图书馆,就科学史的专业图书而言,虽北京图书馆(今"国家图书馆")亦不能及,而且馆藏视野十分广阔,五花八门的奇书往往有之,但偏偏这本《医心方》却没有收藏。

那时诸位师兄长期夫妻分居两地,闲暇时不免经常谈论性事以为排遣。在他们口中,《医心方》是一本"传说中的"奇书——主要是因为其中有大量中国古代房中术的文献。这类历史文献当时很难看到。叶德辉的"双楳景闇丛书"里面有几种这类文献，但此书科学史所图书馆也没有。当时有同学从中国科学院图书馆将"双楳景闇丛书"借了回来，不料当我据此写成的《中国十世纪前的性科学初探》一文发表后，听说此书就被锁入馆长办公室的柜子里，禁止外借了。

我第一次接触到《医心方》，已经是1988年了。当时中国科学技术大学专门为我开了一份介绍信，给安徽中医学院图书馆，请他们接待我查阅该馆所藏的《医心方》——藏有人民卫生出版社1955年的缩印影印本，和该缩印本所依据的日本安政元年（1854年）医学馆影刻本。不过，按照当时的规定，此书只准当场查阅，不准复印。为此我又和图书馆的管理员缠磨了许久，最后终于劝说得她心软了，这才得获准复印了其中一部分——我复印了房中术文献集中的卷二十八全文以及另几卷中的相关内容。

回上海后，我将复印的"《医心方》选本"装订成册，当然也研读过多次。现在翻开这册20多年前的复印本，但见写满了密密麻麻的批注和自编的索引，真是古人所谓"丹黄满纸"了——我还真的用了红笔和黄笔。

有关性的知识，本来在中国古代医书中常有收载，唐代尤甚。比如孙思邈《备急千金要方》卷二十七、甄权《古今录验》

卷二十五、王焘《外台秘要》卷十七等，都有若干记载。不过，作者们通常总是把性知识作为很小的一节，并且往往在书靠近末尾部分才出现。历代官修史书中的《艺文志》《经籍志》等史志书目，房中术著作也多半著录在"子部·医方类"的接近末尾处。

今天我们能在其中找到最系统的房中术材料的医书，当推《医心方》。那时日本人学习中国文化不遗余力，大量中国作品，包括文集、诗集、佛经等，被日本来华的官员、学者、商人、僧侣等收集带回日本，其中自然会包括中国历代的医学书籍。丹波康赖正是在这些医书的基础上编成《医心方》的。他当时的身份是"从五位下行针博士"，应该属于有一定地位的技术官吏。

《医心方》收录了《素女经》《玉房秘诀》《洞玄子》等房中术专著中的大量内容，按不同方面的问题分类编排，并在每一段之首载明出于何书。这些内容主要集中在《医心方》卷二十八，此外在卷十三、卷二十一、卷二十四、卷二十六、卷二十七中也有一些。多亏了《医心方》，中国10世纪以前的房中术理论才得以保存其主要内容直至今日。按照叶德辉在"双楳景闇丛书"第一种《新刊素女经》序中的意见，"大抵汉、隋两志中故书旧文十得八九"。说"十得八九"虽未必确，但《医心方》作为今天研究中国10世纪以前的房中术的主要材料来源之一则无可疑。

《医心方》的珍贵之处，至少有两点特别值得注意：一是当年丹波康赖所引用的不少中国古籍，现在已经失传了，所以《医心方》成为保存它们内容的早期文献，甚至是唯一文献；二是此书是中国传统技术在历史上向周边地区辐射的"重量级证据"之一，所以得到了中日学术界的高度重视和关注——在日本甚至有一个"《医心方》一千年纪念会"，出版了《〈医心方〉一千年纪念志》（1986）等书。

《医心方》中对男女性爱的研究，可谓巨细靡遗无微不至，以下仅略举数例以见一斑：

例如，卷二十八之"卅法第十三"，引用《洞玄子》中所收集的三十种性交体位和姿势，开首云："考覈交接之势，更不出于卅法，其间有屈伸俯仰，出入浅深，大大是同，小小有异……知音君子，穷其志之妙矣。"以下逐一详述各种体位和姿势，其中有些是需要不止一名女性与男子共同配合才能完成的。

又如，卷二十八之"和志第四"，仍引用《洞玄子》，以相当文学性的语言描述性交之前戏的重要性，谓"凡初交会之时，男坐女左，女坐男右……于是勒纤腰，抚玉体，申嬿婉，叙绸缪，同心同意"，而前戏的成效，则被描述为"哨然上耸，若孤峰之临迥汉"和"涓然下逝，若幽泉之吐深谷"——当然就是勃起和湿润，"势至于此，乃可交接"。作者认为，这种前戏所达到的两情相悦恩爱缠绵状态，"乃阴阳感激使然，非人力所致也"。而如果前戏达不到此种状况，那就是"病发于内，疾形于外"，一定是有生理或心理方面的问题了。这个结论现代性学也是认同的。

再如，在性交时了解女性处于性反应周期的何种阶段，被视为重要课题，《医心方》卷二十八共用了"五征第七""五欲第八""十动第九"三节，总共提出了20种女性的体态反应和动作，用以判断女性的性反应状态。其中包括"面赤""乳坚""阴滑""尻传液""汗流湿衣裳""身直目眠""两手抱人""举身迫人""身布纵"等，虽难免"男性中心主义"之讥，但确实皆来自实际观察，非虚语也。

《医心方》作为中国传统性学早期文献重要来源的特殊地位，直到1973年才有所削弱，这年在长沙马王堆汉墓出土文物中有五种性学帛简书，后被定名为《养生方》《杂疗方》《十问》《合阴阳》和《天下至道谈》，其年代比古罗马奥维德的《爱的艺术》和古代印度筏磋衍那的《爱经》都要早。其写定年代下限，可以确定为汉文帝十二年（公元前168年）；年代上限，则可以上推至西汉初年，或秦汉之际。而且这只是这些文献写定的年代，因文献中的理论已经相当成熟，它们当然可能来自更早的年代。从内容上看，此五种性学文献毫无疑问就是《医心方》中房中术理论的源头。至此，《医心方》在中国性史上的地位退为中继站——当然，其地位仍是无可替代的。

中国房中术源远流长，据现已掌握的史料言之，自先秦直至今日，两千余年间一脉相传。从马王堆汉墓帛简书中的五种文献，经过六朝隋唐时期由《医心方》集其大成的经典著作，下及明代《既济真经》《修真演义》《素女妙论》等晚期作品，其最基本的原则、技巧和诉求始终不变。房中术可以说是中国文化中最稳定的重要传统成分之一。

《医心方》，〔日〕丹波康赖编，人民卫生出版社，1955年，定价：33元。

（原载《博览群书》2011年第2期）

沉溺在白日梦中的小文人
——《读书堂西征随笔》

25年前,我在书店见到一本小册子《读书堂西征随笔》,因为向来喜欢收集历代文人的笔记,就随手买下了,定价0.45元。这是一种影印本,书前有一页影印的雍正帝御批:

> 悖谬狂乱,至于此极!惜见此之晚,留以待他日,弗使此种得漏网也。

雍正帝一向是要当"有道明君"的,这段御批却如此咬牙切齿,其痛恨之情跃然纸上。他为何要对一个名不见经传的小文人如此痛恨?

该书作者汪景祺,字无已,号星堂,浙江钱塘人,其父为户部侍郎,其兄为礼部主事,他自己中过举人,53岁那年自投于抚远大将军年羹尧幕府,乃作《读书堂西征随笔》。谁知次年(雍正三年,1725年)年羹尧即获罪,《读书堂西征随笔》也被搜查出来，上缴。这虽只是薄薄的一本小册子，却使雍正帝大为恼火，有旨谓"汪景祺作诗讥讪圣祖仁皇帝，大逆不道"，查禁此书，并将作者斩首示众，株连到五服。《读书堂西征随笔》还成为年羹尧"大逆五罪"之一。廷臣们又奉旨从此书中锻炼出八款"罪证"——其实都只是汪景祺对朝廷政治举措的一些批评意见。

清代文字之狱多矣，汪景祺不过其中一例而已，他主要是受了年羹尧失宠获罪之累。汪景祺一个小文人，父兄未做大官，自己未入仕途，他因此攀附权贵，希图干禄，本来也是相当厚颜的。书中有一篇"上抚远大将军书"，其中对年羹尧极尽吹捧之能事，例如称颂其武功竟说："盖自有天地以来，制敌之奇，奏功之速，宁有盛于今日之大将军者哉！"赞美其人望则谓："朝廷深赖贤佐，天下共仰纯臣，朗若青天，皎如白日。"甚至称年羹尧为"宇宙之第一伟人"。还献诗六首，全力歌颂吹嘘。这六首七律都很平庸，倒是书末还附载"秦中凯歌十三首"，也是专门吹捧年羹尧的，有的稍像样些，如：

其四
指挥克敌战河湟，纪律严明举九章。
内府新承卢矢赐，令公引满射天狼。

其五

阵前金甲绣蛟螭,五色云开玉帐旗。
青海已闻传箭去,天山又见挂弓时。

汪景祺既然如此厚颜吹捧年羹尧,一旦年羹尧成为"大逆"罪人,他自然就让雍正很讨厌了。至于"作诗讥讪圣祖仁皇帝",实际上却很难落实。那首被当作罪证的绝句"皇帝挥毫不值钱,献诗杜诏赐绫笺。千家诗句从头写,云淡风轻近午天",本来是汪景祺记述别人的作品,那个人是"某,无锡人,不欲言其姓名"。想来汪景祺既不肯言其姓名,皇上就将它算在汪景祺头上了——谁让它出现在你文集中呢?

除了上面这桩公案,《读书堂西征随笔》中最令人感兴趣的,是那些大违礼教的篇什(廷臣们锻炼的八款罪状中对这方面无一涉及)。其自序称:

> 自问生平,都无是处。忆少年豪迈不羁,谓悠悠斯世无一可与友者。骂坐之灌将军,放狂之弥处士,一言不合,不难挺刃而斗……意见偏颇,则性之所近而然也;义论悖戾,则心之所激而成也。其或情牵脂粉,语涉狭斜,犹是香奁本色。知我罪我,听之而已。

表示他只说自己想说的话,不在乎旁人怎么看。书中这方面的

作品,主要是"步光小传"和"遇红石村三女记"两篇。在"步光小传"开首,他公然表白:

> 余素好狭邪之游……锦衾烂然,共处其中,虽不敢云大程之心中无妓,亦庶几柳下之坐怀不乱,所谓姑苏台半生贴肉不如若耶溪头一面也。

接着记述他旅途中一次召妓的故事。步光是一个会武功的妓女,出身武将之家,流落风尘。汪景祺详记与她的一夕之会,从初见、调笑、就寝到步光自述悲惨身世,无不详细道来,已是小说笔法。并为步光作绝句八首,其中自然不乏青楼文学套语,如:

其二
明月雕弓挽铁胎,风流格调小身材。
儿家生长云中郡,曾向恒山射虎来。

其三
河光清浅月黄昏,琥珀光浮酒满樽。
宛转柔情人半醉,这般时节最销魂。

其八

背人私语晕红潮,戍鼓沉沉漏渐遥。
兽炭已薰鸳被暖,莫将闲恨负良宵。

书中又有"遇红石村三女记"一篇,更为"出格"——专记他自己路过红石村时与当地三个女子调情之事。这三个女子因为厌恶北方汉子粗鲁不洁,喜欢"南方官人",所以对旅途中因疝气发作而来求助的汪景祺青眼有加。她们帮他按摩止痛,后来就渐渐进入打情骂俏光景。汪景祺对于和她们相互挑逗的语言动作,乃至上床同衾共枕亲昵之事,逐一详细叙述,不厌其烦。例如:

> 小云娃自坑后下啜茶,余戏弄玉娃之乳。玉娃曰:"官人错。"小云娃曰:"青天白日,两边面生生地,何错之有?"语毕仍至故处坐。玉娃起,吹炭令燃,余以手拍小云娃之股,且掣其足,则坚如铁石,不可动。余曰:"邂逅逢卿,岂有他念,不过以爱慕之切,聊以相戏。小娘子用神力拒我何也?"小云娃即引双足置余膝上,余遽脱其鞋,小云娃拂然曰:"官人不畏我嗔耶!"玉娃曰:"青天白日,两边面生生地,何畏之有?"三人相视而嘻。

末了,这三个女子催促汪景祺赶紧上路,说是怕他出事。

在这样三个热情好客而又放诞风流的女子那里，能出什么事呢？汪景祺在后面一篇"记蒲州常生语"中告诉我们，原来这三个女子都是当地的土匪首领！红石村在山西境内，当地有一些女子会武功，当土匪，抢劫商旅，上面那段情色文字中提到的"玉娃"和"小云娃"，都是有响当当名号的人物。玉娃"能开十力弓，箭长十六把"，号"神臂弓"；小云娃则能舞五十斤重的大刀，号"一堆雪"。她们之所以没有抢劫自动送上门来的汪景祺，估计是因为看他只是穷书生一个，没什么财物。

按照传统观念，汪景祺上面那段情色文字中的行径可说是"调戏妇女"，但如果从某种女性主义的角度出发，又何尝不可以说成是三女匪"调戏"汪景祺呢？而汪景祺本人事后得知真相，虽然不无后怕，但竟仍然称赞三女子这番行言是"皆发乎情止乎义，以礼自守者⋯⋯呜呼，可谓贤妇人矣！"土匪（三女子的父亲、丈夫及她们本人都是）自然是反叛官府朝廷的罪人；能和过路客人上床亲昵，岂非"荡妇"，然而她们竟被赞为"以礼自守"的"贤妇人"，可以想见汪景祺心目中的"礼"与道学家相去何啻天壤。

《读书堂西征随笔》中的这类记事，已隐约可看到某些近代小说中笔法的端倪；这些记事的真实性也很难考证。其中可能有夸大、虚构，甚至可能只是措大狂生的白日梦——这种猜测似乎也可以由他为三女子所作的绝句四首得到支持：

沉溺在白日梦中的小文人

其三

疑于紫府会群真，三女扶持一病身。

日欲沉西催客去，恐将侠骨染征尘。

其实汪景祺所记之事的真伪并不重要，重要的是他以士人身份而详述自己与妓女、女匪的情事，又不以为耻，这在任何时代的文人中都属少见。在封建时代，这倒也可以算得上"名教罪人"了。

《读书堂西征随笔》，(清)汪景祺著，上海书店出版社，1984年，定价：0.45元。

(原载《博览群书》2010年第1期)

一部奇书和一场虚惊
——《曹雪芹扎燕风筝图谱考工志》

因为我主编的《科学史十五讲》在北京大学出版社出版,与北大出版社的工作联系就多了起来。有一次去北京,与编辑室的领导和编辑们见了面,承蒙他们热情招待,其中有一项是赠书——到他们出版社的样书间去自由挑选。我对书的贪欲当然远远胜于美食,当下喜不自胜,就随着两位编辑女士进了样书间。一番"大快朵颐"自不必说,挑了许多好书,编辑艾小姐随手帮我整理好,说会为我直接寄到家里。

我挑的书中有一部《曹雪芹扎燕风筝图谱考工志》,是汉声编辑室编的,八开线装彩印两大册,印刷装帧极其精美。包装也做得很特殊,硬壳打开就好像是风筝拼起来,书本身就是工艺品。我怕这书邮寄的话在运输途中万一被野蛮装卸,会遭损坏,就对艾小姐说,这本我自己带回去。谁知这就弄出一场虚惊来。

几天后,我回上海。因为这部《曹雪芹扎燕风筝图谱考工志》太大，无法放入我的小行李箱，所以我特别找了一个布袋来装它。在机场安全检查时，因我带着电脑，被要求开箱检查，结果我的行李箱被翻得很乱，我忙着收拾行李箱，就将《曹雪芹扎燕风筝图谱考工志》给忘了。等我登机后安放行李时才猛然想起，宝贝书被遗忘在安检处了！

我赶紧找空姐想办法，开始空姐说：登机已经结束，按照规定你不能再离开飞机了。我告诉她这是我特别宝爱的珍贵图书，务必请她通融一把。空姐抬起玉腕看了看她那极小巧的坤表，说：你还有4分钟，如果你能够在4分钟之内回来，就没有麻烦。我谢了空姐，赶紧逆行奔往安检处。到那里一看，我的宝贝书还在桌子上呢。我一把拿到手里。这时安检处的小伙子当然就来过问了。我把情况简要说了一下，小伙子将信将疑。他问我：你怎么能够证明这书是你的呢？我说：此刻确实不能，除非你打电话到北大出版社，让他们向你证实，前几天他们确实向我赠送了此书。但问题是，此刻只剩下两分钟了，我哪里来得及等待他的同意？我抓着装书的布袋就往回跑。那小伙子犹豫不决，不知要不要制止我，而我已经又跑进登机通道了。我赶回飞机门口，向空姐扬了扬手中的布袋，空姐报以嫣然一笑。我松了口气，总算又将这宝贝书拿回来了。

这部《曹雪芹扎燕风筝图谱考工志》，顾名思义，当然不会是等闲之物——它的身世扑朔迷离，围绕着它又有许多争议。

在"文革"后期，1973年，出现了《废艺斋集稿》的部分内容，在红学界引起轰动。当时提供的故事来自北京风筝专家孔祥泽。孔祥泽称，他在1944年曾目睹日本商人金田在中国收购的据称是曹雪芹佚著的《废艺斋集稿》，并参加了摹抄（用描摹的方式抄出副本）的工作，《废艺斋集稿》中的第二册《南鹞北鸢考工志》专讲风筝的扎糊及图案描绘，他保存了当时摹抄的16首风筝画诀、扎糊歌诀、序文和附录（残文）。红学家吴恩裕在《文物》杂志这年第二期发表文章，根据孔祥泽的口述及提供的摹抄资料，结合其他资料进行考证，认为《废艺斋集稿》确实是曹雪芹的佚著。

吴恩裕文章的结论，首先在红学界引起了轰动，如果吴说成立，这当然是"二百年来的一次重大发现"（冯其庸语）；其次在更大范围内也是相当轰动的，因为"红学"是"文革"中极少数在政治之外被允许讲论的学问之一，而《文物》是"文革"中极少数被允许公开出版的杂志之一（当然离不开政治的巨大影响，常在前几十页登载政治文章）。那年我18岁，在一家纺织厂当电工，那时我就订阅着《文物》杂志，吴恩裕的文章我也怀着浓厚的兴趣读过，当然只是半懂不懂。

但另一方面，吴说也引起了许多质疑。吴说所依据的材料原件现已下落不明，仅凭孔祥泽的口述及他提供的一小部分摹抄资料，就论定曹雪芹真有《废艺斋集稿》这样一部佚著，也显得论据单薄。

对吴说比较严重的质疑，出于陈毓罴、刘世德的文章《曹雪芹佚著辨伪》（直到1978年才发表在《中华文史论丛》第七辑）。除了对孔祥泽所提供的史料来历细节方面的几点质疑之外，这篇文章的考据功夫做得相当到家。例如，针对孔祥泽所提供的《南鹞北鸢考工志》前曹雪芹自序中"是岁除夕，于冒雪而来"一语，陈、刘竟能想到去查阅乾隆二十一年（丙子年，1756年）的《晴雨表》，证明这年除夕北京地区没有下雪。"是岁除夕，于冒雪而来"一语不符合事实，故这篇署为"丁丑清明前三日"的所谓曹雪芹序，应是后人捏造之作。对于这样的质疑，吴恩裕后来回应说：《晴雨表》只能表明北京城东南角观象台上的雨雪记录，不足以证明那一天在北京西郊也未下雪。

《废艺斋集稿》及其中的《南鹞北鸢考工志》究竟是不是曹雪芹佚著，实际上到现在也无定论，但这并不妨碍出版社做出一本非常漂亮的书。

有费保龄其人，"热衷于风筝制作及放飞"。他于1963年在天安门广场放风筝时，认识了孔祥泽，共同的爱好使两人一见如故。在得知孔祥泽藏有《南鹞北鸢考工志》之后，费保龄根据其中的歌诀，绘制了一套精美的风筝图谱。1988年，这套图谱被台湾汉声的编辑见到，叹为至宝，立即决定编辑出版。汉声看来一点也不怕慢功细活，这书编辑期间，他们的编辑多次远赴北京，与费、孔二人反复琢磨研究，直到1999年才完成出版。

这就是这部《曹雪芹扎燕风筝图谱考工志》的由来——我得到的是北京大学出版社与汉声联合出版的大陆版本。其中除了费保龄绘制的图谱，也收入了当年孔祥泽提供的所有摹抄资料，以及有关这些资料真伪争论的综述。故该书不仅是可供把玩欣赏的艺术品，也是关于30多年前那场公案的参考资料。

不管这部《曹雪芹扎燕风筝图谱考工志》是不是真和曹雪芹有渊源，有这么精美的一部书和他瓜葛在一起，不乏香草喻美人、宝刀配骏马的意味，应该也不会辱没曹雪芹吧？

《曹雪芹扎燕风筝图谱考工志》，汉声编辑室编著，北京大学出版社，2006年，定价：198元。

(原载《编辑学刊》2008年第4期)

多情才子竟西行：戈革其人其书

予生也晚，但如今也常自称已进入"中老年"行列。回顾昔日少年之时，先后有过四位忘年之交：张庆第先生、戈革先生、胡道静先生、吴德铎先生。其中张、胡、吴三位先后已归道山，而相交最长、相处最乐者，当属戈革先生。

如今，戈革先生竟也走了。

25年前，我在北京念中国科学院的研究生，和我同屋的是许良英先生的弟子熊伟。一日熊伟对我说："许先生告诉我戈革先生学问大，让我经常去请益，但是我每次去了，戈先生不和我谈物理学史，也不叫我读别的书，总是推荐我读金庸小说，这真奇怪。"我那时尚非金迷，但整天乱读杂书，恰好在《中国石油大学学报》上读到戈革先生一篇论文，是与国内某物理学史名家进行商榷的，文中嬉笑怒骂，庄谐并陈，和我当时看到的"学术论文"大相径庭。例如，文章中竟会出现这样的句子："真正wonderful也！"——这句话后来被熊伟学着到处用。

从这两件事，想见戈革先生有如此行止，不觉心向往之，于是有一天和熊伟一起去拜访了戈革先生，是为我们相识之始。初次见面，相谈甚欢。所谈内容已不能记忆，只记得我们谈到了香艳诗词，因为据熊伟后来告诉我，戈革先生事后对他说："这个江晓原倒有些意思——他居然说自己喜欢香艳诗词。"前辈高人判断人物，常有见微知著之法，喜欢香艳诗词的，本来大有人在，只是人们通常不好意思赤裸裸说出来，而我却不辞坦然自陈。

从此就开始了我和戈革先生的忘年之交。我成了他家中的常客。我每次到他那里去，从来不谈天文学史（我的专业）或物理学史（他的专业），我们只谈旧诗词、武侠小说、金庸、篆刻、书法、名人逸事等，总而言之，不谈任何科学史。不过，当他翻译的《玻尔集》开始陆续出版时，应我的要求，他每册都题赠给我，如果这算是涉及了物理学史的话，那或许就是我们交往中唯一的例外了。

从1985年开始，我成为金迷，但这倒并非戈革先生之故——事实上，他从未向我推荐过金庸小说。那么，他为何却屡屡向熊伟推荐？看来这是他的"因材施教"之法——也许他知道我这样的人早晚会迷上金庸的，用不着他来推荐。不管怎么说，当我成为金迷之后，金庸小说就成为每次我去戈革先生那里聊天时的重要话题之一。我还从他那里见到了倪匡的《我看金庸小说》系列(《我看》之后是《再看》《三看》……直到《十看》),我甚至将这十册书借回上海去看。

  他对金庸小说有许多与众不同的见解。最惊人的见解之一是,如果让他在金庸小说所塑造的女性角色中选择爱人,他竟愿意选康敏——段正淳昔日的情人之一、丐帮副帮主马大元的夫人,这可是金庸小说中心肠最为狠毒的女人之一!其见解之特异,由此可见一斑。我多次建议他将他的见解写成书,与世间同好分享,然而他迟迟没有行动。

  1986年,我修完了博士的全部课程,进入论文写作阶段,开始经常住在上海。有一天我接到他的来信,信中告诉我他已经动笔写这本我一直在期待的书了,书名取作《挑灯看剑话金庸》。我看了非常兴奋,立刻作了两首绝句祝贺。不久他回信抄示"步韵谢江晓原博士宠题拙稿《挑灯看剑话金庸》二首",其一云:"自翻新样论英雄,天理人情若个通,别有悲欢话兴废,肯将才地谢凡庸?"对此书的自信跃然纸上。

  书稿完成后,我是此书的第一个读者——比责任编辑还先读。然而,此书的出版却是好事多磨。最初是应科学出版社之约而写的,但戈革先生对该社外聘的责任编辑改动他的书稿十分不满,出版之事就搁置下来。此后十几年间,这部书稿转辗于海峡两岸多个出版社之间,包括我为它寻找的几个出版社。它们一听有这样一部稿子,开始都很兴奋,可是看了书稿之后却都敬谢不敏了。近闻《挑灯看剑话金庸》终于被中华书局接受，出版有日，也算差可告慰作者于泉下矣。

戈革先生曾表示，他平生各种学问之中，有两门可以带研究生：一是物理学史，二是篆刻。篆刻一道，他自云绝无师承，是真正的无师自通。古今印人之中，他佩服的只有吴昌硕。虽然他未被篆刻界"承认"或跻身"篆刻名家"之列，然而有比较才有鉴别，将戈革先生的篆刻作品与时下某些所谓"篆刻名家"的作品一比，立见前者意蕴深远、古雅灵动，后者则匠气袭人、了无意趣。

我自己以前也曾从事篆刻，当然更是没有师承的野狐禅，只是读过一些前人印谱，通过实践体会体会奏刀的感觉而已。自从与戈革先生相交，见识了他的篆刻作品，顿时爽然自失，从此不再奏刀了。

然而，不再奏刀却成了我的福分。我以前也附庸风雅自刻名章、闲章、藏书印之类，如今把玩旧作，自惭形秽，感觉再无一方堪用的了。谁知此时却"少年盛气消磨尽，自有楼船接引来"——有戈革先生赐印了！戈革先生为我治了名章，更有藏书印"江郎长物"、闲章"二化斋"（朱文白文各一）、"双希堂"、"有心受苦"、"无力回天"、"神游天人之际"等多枚，又泽及内人和小女，各赐名章。有一次他托许良英先生的弟子屈儆诚将一包他为我治的印带给我，屈非常嫉妒地问我："我们平时向戈先生求一印都极难，江晓原你何德何能，戈先生竟一次给你治这么多印？"我嘴上只好说是运气好，心里知道这是因为被戈革先生引为知音之故。20年来，这些印人见人爱，其中"江郎长物"和白文"二化斋"是我最常用的两方，许多朋友都很熟悉，也曾多次见诸媒体。

戈革先生"印业"中最大的事功，是他作为超级金迷发愿为金庸15部武侠小说中的人物制作印谱——凡1200余人，共1600余印（重要人物不止一印，还有题名等章）。这部《金庸小说人物印谱》堪称鸿篇巨制，更是"自翻新样论英雄"的特殊样式。印谱完成之后，戈革先生制成印拓十余部，承他不弃，本人获赠一部。遗憾的是，《金庸小说人物印谱》的出版，十多年来也是命途多舛，迄今尚在等待。

2001年，丹麦女王向戈革先生颁授"丹麦国旗骑士勋章"，仪式在北京举行。这是女王为了表彰戈革先生多年来对丹麦物理学家尼耳斯·玻尔的全面深入研究，并且翻译出版了玻尔全集的中文版。戈革先生为此赋了一首"辛巳闰四月，余获丹麦女王封为国旗骑士，佩勋章，感而赋此以自嘲叹"，他给我来信说："授勋乃世俗之事，最不宜作诗词之题材。然而正如人们所常说者：我本无心说笑话，谁知笑话逼人来，终于还是作了一首歪诗，自谓不落俗套，有人指为仿李长吉，则吾岂敢！"这首"歪诗"戏仿唐代李贺《金铜仙人辞汉歌》句式，其中有"荷兰水盖忽临止"之句，将女王颁授的勋章比作汽水瓶盖，表现了他"以自嘲叹"的心情。

戈革先生的"正业"是物理学史，他是国内这方面的翘楚和权威，这有他翻译的鸿篇巨制《玻尔集》和他发表的大量相关学术论著为证，无须多言。他任职的单位则是中国石油大学研究生院（北京）。然而，最奇怪也最令人惊叹的是，他同时又是天生的诗人！他那数不尽的锦心绣口和诙谐调侃，发为旧体诗词，实在是让人击节叹赏，佩服之至！可惜他在这方面的成就，"古调虽自爱，今人多不弹"，曲高和寡，很少有人能够欣赏。说句狂妄自大之言，我可能是他在这方面最重要的知音之一（姑且加上"之一"吧，毕竟他唱酬的友人中还有钱锺书呢——但钱是否激赏他的诗则未可知）。

戈革先生早年曾加入张伯驹的诗社，当时经常与他唱和的诗友有周汝昌等人。晚年他将自己的旧体诗词编为《拜鞠庐吟草》一册（迄今尚未正式出版），"拜鞠庐"是他的斋号。他先将一张A4纸对折，然后画上左右各九行的乌丝栏，对折处还有燕尾——完全描成旧时线装书的样子。再将这张A4纸复印数百份，然后就在这些纸上手自抄录历年诗词旧稿。事毕，再复印十几份，赠送知音好友。赠我的这一份前有题记云："晓原博士得余吟草，有嗜痂之赏，谓将什袭而珍藏之。虽称许过当，亦令老夫有加倍知己之感也。杜工部怀青莲句云：世人皆欲杀，吾意独怜才，我非谪仙人，何足以当此乎！呵呵！辛未白露玄天之行前二日古稀叟戈革记于蓟门烟树之北。"

拜鞠吟咏，有缠绵悱恻，风流旖旎者，如《鹊踏枝·和冯十四首》之四：

窗外辘轳惊报曙，揽颈无言，脉脉增离绪。鬓軃钗横冲晓雾，自摇双桨凌波去。

一枕相思情万缕，流水桃花，渺渺天台路。紫燕呢喃梁上语，来年飘泊知何处。

亦有游戏笔墨，打油玩笑者，如《登异香楼四首》之四：

半寸烟头作瓣香，路人相聚此一堂。登台雅似龙行雨，候缺急如狗跳墙。系带拖泥还带水，蹲坑跃马复横枪。若教西子蒙不洁，柳叶双眉点额黄。

他诗词中的《鹊踏枝·和冯十四首》，代表了他在艳情诗方面的最高成就，是他步南唐冯延巳原韵而作，不仅"置之古人集中几可乱真"，在我看来犹有过之——有些篇章比冯作更佳。况且冯作十四首相互之间并无联系，而戈作十四首则一气而成，隐隐构成一个美丽哀怨的浪漫爱情故事。有一次我们闲谈时，我曾就此向他求证，但他笑而不答，只是说："诗本在可解不可解之间。"

戈革先生的一生，不能算很幸福，这个时代知识分子受过的罪，他都受过。这从他"一生不戴乌纱帽，半路常逢白眼狼""只望花荫重遇见，无人行处都行遍""平生一事最遗憾，不信刘郎胜阮郎"等诗句中不难看出。当然，他也是性情中人，难免恃才傲物，得罪过不少人，他有"常恨乾坤有外行"之句，正反映出他这方面的性情——还是当年熊伟表达得最为直白：戈革先生就恨人家没学问。

学贯中西，博通今古，懂物理学，会作极好的旧体诗词，会写漂亮文章，会篆刻，会书法，会绘画，会玩玉，会玩葫芦——旧时士大夫的种种玩意儿，他几乎玩全了——这样一个天生才子，真是天壤间一件宝物！可惜啊可惜，上天已经收回去了。

（原载《中华读书报》2008 年 1 月 16 日）

"金学名票"之《挑灯看剑话金庸》

所谓"金学",到目前为止当然还只是一个修辞手段,并不存在体制化的确认(其实"红学""钱学"等也是如此)。已故戈革教授以物理学为其本业,则在"金学"上就只能是"票友"了。不过,他无疑可以算"名票"。

戈革教授原本学的是理论物理。尽管他多年来在这方面一直没有得到充分发挥和发展的机会,但他还是在物理学方面做了大量工作——翻译《玻尔集》的浩大学术工程就不用说了,这无疑也在物理学的范畴之内。请允许我先用一段八卦来补充说明这一点。

我因为是戈革教授的"粉丝",他出版的书我每一本都收集,有一次在他家闲聊,我心满意足地对他说:我已经将你出版的书收全了。谁知戈革教授随手从书架上抽出几册尘封的旧书,笑笑说:这几册你有没有?我一看,都是他以前在商务印书馆出版的物理学方面的译著,我爽然自失道:我还没有。戈革教授露出那种一派童心的得意，说道："你离收全还 far from it 呢！"

可是这样一位物理学教授，同时又是早期资深金迷。20世纪80年代初，戈革教授就开始"引诱"他门下的研究生看金庸小说。我就是因为对这一点感到好奇，经由研究生同学熊伟的介绍，才和戈革教授结识的。我们一见如故，立成忘年之交。后来我也成了金迷，金庸的15部武侠小说（即所谓"飞雪连天射白鹿，笑书神侠倚碧鸳——外加一部《越女剑》"也）我全都读过，半数以上读过不止一遍。后来我每到戈革教授宅中闲谈，金庸和武侠小说（包括旧派的）总是我们最常见的话题之一。

早期"金学"中，倪匡应该算是比较重要的人物。一方面因为他自己也曾写过武侠小说，另一方面因为他与金庸颇有交谊，他曾有自夸"攀附两大名人"的一联曰："屡替张彻编剧本，曾代金庸写小说。"——金庸《天龙八部》连载过程中，曾因出国请倪匡代笔一段日子，倪匡因为讨厌阿紫这个角色，就"滥用职权"将她早早写死了，后来金庸出单行本时才将阿紫"救活"。倪匡有《我看金庸小说》评论集，《再看》《三看》……直至《十看》，整个系列总共10册。我就是从戈革教授那里借了这套评论集看的。

戈革教授对于"金学"的贡献，集中在《挑灯看剑话金庸》一书中。关于此书出版过程中的种种曲折以及我与此书的缘分，我已经在《多情才子竟西行——怀念戈革先生》一文（刊《中华读书报》2008年1月16日）中谈到过。

倪匡虽写了10册金庸小说的评论集，但他在集子中从不介绍金庸这些小说的故事梗概，这当然是因为假定愿意看这些评论集的人应该早就看过金庸的全部小说了。但戈革认为应该仿照鲁迅《中国小说史略》的体例，对每一部小说提供一个简要的梗概，故他在《挑灯看剑话金庸》中对这15部小说都提供了梗概——这些梗概都用介于文言与白话之间的语句写成，极为简明扼要。

倪匡给金庸15部武侠小说排列了名次，戈革也排列了名次。这种排名其实很多人都做过，排名的理由及结果，当然各人自有不同。不过，在这个排名上，戈革与倪匡的差别要远远小于他们评价具体人物时的差别。

倪匡品评金庸小说中的人物，采用了富有中国古代色彩的"九品人物"系统，将金庸15部作品中的人物分为"上上、上中、上下、中上……下下"九等。戈革在《挑灯看剑话金庸》一书中也采用了这种"九品人物"系统，不过他给各人的位置有时与倪匡大不相同。例如，对于《射雕英雄传》中的欧阳锋，倪匡将他位列"上上"人物，戈革则截然相反，列之为"下下"，他认为"倪匡混淆了两种不同的评价标准，实在不当"。戈革认为在评价小说人物时存在两种标准：一种是小说中这个人物所呈现的善恶优劣；一种是金庸塑造这一人物时的成功程度。戈革在评判中更注重前一个标准。

戈革评判人物，常有极具特色的见解和议论。比如谈到"老顽童"周伯通时，戈革说他"表面上天真烂漫，骨子里是个白痴"，不仅将他评为"下中"，而且认为："自从金庸写了周伯通，几乎所有的劣等影视上都有此种蓬头垢面的人物，形成一种很普遍的低级趣味，金庸对此不能辞其咎也。"而谈到《侠客行》中的女主角丁珰时，更多妙语，他说倪匡在这整部小说中只注意丁珰一个人物，"亦甚可笑"；谈到丁珰与石中坚在小舟中约会一段时，戈革说这情景使他"想到当年'不识愁滋味'时的颐和园荡舟，那时虽无丁珰型之腻友，但到底也还有一点无拘无束的自由之感啊"。

该书"谁是理想的爱侣？"一章别具特色。戈革为女性挑选的理想爱侣前四名依次是：张无忌、段誉、胡斐、慕容复。他说他也考虑过韦小宝（据说有不少人愿意选择此人），"但那小子一股俗气使人叵耐"，他忍受不了。而他为男性挑选的理想爱侣前四名依次是：王语嫣、任盈盈、赵敏、仪琳。王语嫣是戈革选定的"理想的妻子和情人"，是金庸小说众多女性角色中的"绝对冠军"。

戈革在《挑灯看剑话金庸》中还讨论了金庸新派武侠小说与旧派武侠小说之间的渊源。他对有时被人与金庸相提并论的古龙和梁羽生的武侠小说评价甚低，认为根本无法与金庸比肩。倒是对于旧派的武侠小说，戈革有相当高的评价。戈革也讨论了金庸小说的特点，以及金庸小说情节的基本模式。

那篇"金庸小说的扉页印章"很长，讨论金庸小说扉页印章，因为戈革自己在篆刻方面造诣甚高，而且他曾为金庸全部小说中的大大小小人物刻过章，凡1600余印，堪称洋洋大观，自然对印章有浓厚兴趣。这篇文章可以看成戈革的"印学游戏"，金庸小说只是一个由头而已。

戈革对金庸小说的见解，我以前和他闲谈时早已相当了解，我们在绝大部分问题上都有共识（该书中还引用了我的某些见解）。就《挑灯看剑话金庸》此书而言，我觉得唯一可以为戈革教授补苴罅漏的，是他对金庸小说中的"犯傻"未能有所阐述——我在以前的文章中谈过，金庸总是让他笔下的英雄犯傻，"比如杨过跃下绝情谷、段誉死追王语嫣、张无忌大战光明顶、令狐冲热恋任盈盈……但是每一次犯傻，每一次献身，最后都会意外得到大福报，成就大英雄"。"犯傻"是一种令人感动的境界，不过也许戈革教授不愿意从这样的角度来阐述。

《挑灯看剑话金庸》，戈革著，中华书局，2008年，定价：26元。

（原载《中华读书报》2008年6月11日）

《失控玩家》和"元宇宙"商业炒作的隐秘关系

是要杀人放火的自由吗?

影片《失控玩家》(*Free Guy*,2021)的故事中,其实没有任何玩家失控,失控的是一个名叫盖的游戏小角色。中文片名译成《失控玩家》,估计是为了攀援三年前的另一部讲游戏故事的影片《头号玩家》(*Ready Player One*,2018),但这样攀援对观众有严重误导。

影片的第一个关键词就是"自由"。故片名就叫"自由的盖",盖是名为"自由城"(Free City)的游戏中的一个小角色。游戏"自由城"非常典型地展示了许多美国人心目中"自由"的恶俗境界——可以坑蒙拐骗杀人放火无恶不作而不受法律制裁。"自由城"就是新版的"西部世界",玩家在现实世界中想做而不敢做的种种恶行,嫖娼杀人抢银行……都可以到游戏中去肆无忌惮地实施,过把瘾还不用死。

当然，影片也呼唤了另一种不那么令人发指的自由——能够做自己想做的事情。比如游戏中咖啡吧的女服务员希望不要天天都调制游戏中规定的咖啡，而是能够调一杯卡布奇诺；又如主人公盖是游戏设定的一个银行小职员，他应该在游戏中被玩家抢银行时一枪打死，可是在游戏中他天天要遇见一个美丽的女孩米莉，她年轻貌美聪明能干，盖爱上了她，希望自己能不被一枪打死，希望有机会结识米莉，和她搭讪，和她拍拖。这就算是境界较高的自由了。影片结尾时出现的新游戏"自由人生"（Free Life）中，人们就可以做自己想做的事情，过自己希望过的人生了。

自由意志是一段程序吗？

盖对米莉动了凡心，在失控的道路上越走越远。米莉也不是玩家，而是"自由城"游戏的线上管理人员，但有时她也会"下场"进入游戏，操控一个时尚美少女的角色，盖爱上的就是这个角色。盖在她的指点下不断升级，逐渐从游戏中的一个龙套变成了"大神"。

盖的这种行为从一开始就是不被允许的，游戏管理员随时可以制止他，但因为米莉半推半就接受了盖的追求，她乐见游戏中自己的追求者成长为大神，就开始犯规了。

盖和米莉的"失控爱情"，原本是游戏设定中不存在的，游戏公司的老板可以轻而易举地制止他们的行为。事实上，老板多次试图制止，无奈盖和米莉背后还有一个支持者——游戏的程序员"键盘"，他对老板的指令阳奉阴违，多次暗中帮助盖和米莉。

故事编到这里就开始有哲学意味了。盖和米莉的这段爱情不是来自预先写好的程序，而是在程序运行中逐渐"自动"出现的。

但是，为什么游戏中别的角色，比如黑人胖保安，以及其他各种男性龙套，都能够各安天命，每次都乖乖扮演设定的角色，而不对美艳的米莉动凡心呢？

如果认为盖对米莉的失控爱情是自由意志的表现，我们就会面临一个艰难的问题：自由意志到底是什么？对于这个问题，哲学家至今没能给出得到普遍认同的答案。这个问题也是人工智能所牵涉的几个终极问题之一。

电影既然把故事编到了这里，对上述问题总要有个答案。影片中结尾处，也确实用盖在游戏中对米莉陈述的方式给出了答案，这个答案其实相当老套低俗：

原来游戏的程序员"键盘"，和米莉是办公室同事，他一直悄悄爱慕着米莉，但是缺乏勇气表白，于是他给盖这个角色写了"复杂"的程序，这个程序中隐藏了盖爱上米莉的可能性。后来游戏中的"失控爱情"，就是这种可能性的展现。

最后盖在游戏中告诉米莉操控的美少女，自己其实只是某人写给真实世界中的你的一封情书,爱你的人在游戏外面的世界。办公室中坐在电脑屏幕前的米莉恍然大悟,奔出去和"键盘"在街上拥吻起来。

也就是说,《失控玩家》给出的答案是:自由意志可以是一段足够复杂的程序。这个答案估计很难得到哲学家们的认同,但在这样一部本质上仍属"爆米花电影"的作品中,居然能够演绎出这样一个答案,也算是有相当的思想价值了。

元宇宙:旧买卖的新吆喝

几乎就在《失控玩家》上映的同时,一个被称为"元宇宙"(metaverse)的新名词在中国媒体上骤然被炒热。

既然业界和媒体特别想让人们将《失控玩家》和元宇宙联系在一起,我们也不妨顺便讨论几句元宇宙。其实元宇宙根本不是什么新概念,就是以虚拟现实和增强现实(VR/AR)为基础的一些早已在游戏业中使用的技术,加上快速发展的5G、云计算、人工智能等技术所展示的前景,用了一个新名词来炒作而已。本质上就是给一摊旧买卖起了个新名字,再度吆喝一番。到目前为止,在民用领域,虚拟现实几乎没有超出游戏的范围。这也许就是影片《失控玩家》要使用一个攀援《头号玩家》的不确切译名的深层原因——重点是让观众联想到游戏!《自由的盖》怎么能联想到游戏呢?

其实要享受《失控玩家》带来的启发,下面这个问题更为重要:

在展望、想象人工智能的发展时,大部分情况下存在着一条边界——人工智能在赛博空间的种种表现和创造,能不能对真实世界发生物理作用?

目前的情况是,初级的人工智能,比如机械手、机器人,在现实世界中进行操作,当然能够对现实世界发生物理作用,但这种物理作用都是依赖于人工智能的伺服机构(比如机器人的手等)来实现的。然而,如果一个人工智能没有任何伺服机构,只是存在于赛博空间的无形智能,比如一段程序,它能不能对现实世界直接产生物理作用?以人类目前的技术水平,答案当然是"不能"。

目前在电脑游戏中,玩家借助虚拟现实设备,可以体验这种人工智能对现实世界的假想作用,比如《失控玩家》就详细展示和图解了这种体验是如何实现的。看看"键盘"对程序操作的效果,宗教故事中摩西让红海壁立之类的"神迹",也就很像游戏中的某些桥段了。但是游戏中的一切,都只能存在于赛博空间,并不能对现实世界产生直接的物理作用。

受制于当下技术的局限,在目前已有的科幻作品中,大部分作品对上述问题给出了否定的答案,影片《失控玩家》也是如此。

影片《失控玩家》还致敬了不少之前涉及这一主题的电影

名作，比如《真人秀》(*The Truman Show*，或译《楚门的世界》，1998)、《十三楼》(*The Thirteenth Floor*，1999)、《黑客帝国》三部曲 (*Matrix*，1999—2003) 等。前两部影片对上述问题给出了否定的答案，《黑客帝国》则给出了暧昧的设定。

但是受游戏业和虚拟现实技术快速发展的鼓励，近年也有一些影视作品对上述问题给出了肯定的答案，即想象没有任何伺服机构的人工智能可以对现实世界发生直接的物理作用。比如剧集《疑犯追踪》(*Person of Interest*，2011—2016)、影片《超验骇客》(*Transcendence*，2014) 等就是如此，当然它们都回避了发生作用的具体机制或途径。

赛博空间中建构的种种事物，还不能对外部真实世界产生直接的物理作用，这条边界对于人类社会来说至关重要。在人类社会还远远没有相关法律和制度准备的情况下，如果这条边界被突破，后果将不堪设想。

（原载《新发现》杂志 2021 年第 12 期）

宇宙学是一门科学
——《宇宙小史》中译本序

商务印书馆上海分馆的前总经理贺圣遂先生，要是有机会看到我这篇序，估计会大呼遗憾——最近几年，他一直极力鼓动我写一本《宇宙史》让他出版。现在估计他会说：你看看，大好选题，被人家做掉了吧？当然，聊以自慰的路径也不是没有：贺总鼓动我写的《宇宙史》中，包括了大量宇宙学之外的内容。

其实，想写《宇宙史》的人还不少。比如前几年有个法国人加尔法德（Christophe Galfard）就写了一本《极简宇宙史》（*The Universe in Your Hand*，2015），可惜那书只是一碗放了一点点宇宙学佐料的文学鸡汤，作为科普作品并不精彩，记得我还在发表的书评中揶揄了它几句。

现在这本《宇宙小史》（*The Little Book of Cosmology*，2020），莱曼·佩奇（Lyman Page）著，倒是一本不错的宇宙学普及作品。此书中译本最初也曾考虑过《极简宇宙史》的书名（我收到的审读本封面上就是这样写的），但因为和上面说的法国文学鸡汤重名，故采纳我的建议改成了《宇宙小史》。

作为科普作品，此书在风格上和意大利人罗韦利（Carlo Rovelli）的《七堂极简物理课》（*Sette Brevi Lezioni di Fisica*，2014）颇有异曲同工之处，也是尝试在简短的篇幅中，将一些基本的原理和发现介绍给读者。

《宇宙小史》尽力让不具备天文学和物理学方面前置知识的读者也能整体了解目前主流的"大爆炸宇宙模型"的基本知识。这一点还是很成功的。

该书正文只有五章，外加导言和四个附录。

第一章是目前人类获得的关于宇宙的常识，诸如宇宙的尺度和年龄、宇宙的膨胀、宇宙是否无限等问题。

第二章探讨宇宙的构成和演化，涉及物质、暗物质、宇宙学常数等问题。比前一章稍微抽象一点。

第三章专门讨论宇宙的微波背景辐射，是该书涉及相关技术细节最多的一章，但也还是能够让没学过物理学的读者理解。

第四章从整体上讨论该书所采用的"大爆炸宇宙模型"。

第五章名为"宇宙学的前沿领域"，讨论了中微子、引力波和其他一些属于宇宙学前沿的研究状况。

相比较而言，该书属于"老老实实做科普"的类型。在已经高度精简了的篇幅中，没有文学性的废话，而是高度浓缩了关于"大爆炸宇宙模型"的主要知识。

由于此书"史"的色彩并不浓厚，我这里先帮助补充一点。

人类认识宇宙的历史，其实就是一部观测和建构的历史。

观测容易理解，就是望远镜越造越大，观测到的对象越来越多、越来越远。

建构则主要是构造数理模型。自从爱因斯坦1915年提出广义相对论之后，建构宇宙的数理模型，主要表现为用各种各样的条件和假定来解算引力场方程。迄今为止，先后出现过的宇宙模型，实际上已经有很多种。

现代宇宙学中的第一个宇宙模型，是1917年爱因斯坦通过解算引力场方程而建立的，通常被称为"爱因斯坦静态宇宙模型"。由于那时河外星系（银河系外的星系——银河系只是星系之一）的退行尚未被发现，所以爱因斯坦的这个宇宙模型是一个"有物质，无运动"的静态宇宙。

同年，荷兰天文学家德西特（de Sitter）也通过解算爱因斯坦的引力场方程得出了一个宇宙模型。这个模型也是静态的，但是允许宇宙中的物质有运动，还提出了"德西特斥力"的概念，可以用来解释后来发现的河外星系退行现象。

1922年，苏联数学家弗里德曼（Friedmann）通过解算引力场方程也建立了一个宇宙模型。和前面的静态模型不同，弗里德曼宇宙模型是动态的，而且是一个膨胀的宇宙模型，实际上这已经是"大爆炸宇宙模型"的先声。"大爆炸宇宙模型"中的奇点问题（膨胀始于物质密度无穷大时）在弗里德曼的模型中也已经出现了，成为此后长期存在的难题。

1927 年，比利时天文学家勒梅特（Georges Lemaitre）在弗里德曼宇宙模型基础上提出了另一个稍有不同的宇宙模型。通常人们将这类模型中"宇宙常数"不为零的情形称为"勒梅特模型"，而将"宇宙常数"为零的情形称为"弗里德曼模型"。

1929 年，哈勃（Edwin P. Hubble）发现了著名的"哈勃定律"：河外星系退行速度与和我们的距离成正比。这等于宣告各种膨胀宇宙模型获得了观测证据，此后弗里德曼一派的宇宙模型逐渐占据上风，直至"大爆炸宇宙模型"在"三大验证"（哈勃红移——河外星系退行、氦丰度、3K 微波背景辐射）的支持下成为主流的宇宙理论。

不过，由于任何宇宙模型都无法避免明显的建构性质，即使"大爆炸宇宙模型"占据了主流，也并不意味着其他宇宙模型彻底死亡。

除了前面提到的早期静态宇宙模型，还有 1948 年提出的无演化的"稳恒态宇宙模型"（认为宇宙不仅空间均匀各向同性，而且时间上也稳定不变）、将宇宙中物质看成压力为零的介质的"尘埃宇宙模型"，甚至还可以包括缺乏精确数学描述和理论预言的"等级式宇宙模型"，等等。不过，这些模型在结构的合理性、对已有观测事实的解释能力等方面，目前都逊于"大爆炸宇宙模型"，所以未能获得主流地位。

不过，我感觉有必要在这里提醒读者，通常各种宇宙学书籍中对"大爆炸宇宙模型"的描述，都不应该被简单视为客观事实或"科学事实"。我们必须明确意识到：所有这些描述都只是一种人为建构的关于我们外部世界的"图景"而已。

而且，由于宇宙学这门学科的特殊性质，哲学上关于外部世界的真实性问题，在宇宙学理论中特别突出、特别严重。

波普尔关于"证伪"的学说流传甚广，他认为那些无法被证伪的学说无论是否正确都没有资格被称为科学理论（比如"明天可能下雨也可能不下"这样的理论）。由于这个说法广为人知，结果在公众中形成了一个误解，以为当今大家公认的科学理论都必然是具有"可证伪性"的，而事实并非如此。

事实上，在今天的科学殿堂中，有不少并不真正具有"可证伪性"的学问，正端坐在崇高的位置上。换句话说，具有"可证伪性"并不总是进入科学殿堂的必要条件。宇宙学就是一门这样的学问。

按照今天科学殿堂的入选规则，宇宙学当然拥有毫无疑问的"科学"资格，但是，由于迄今为止的一切宇宙模型都具有明显的建构性质，"大爆炸宇宙模型"也不例外，所以除了"三大验证"所涉及的有限的观测事实之外，关于宇宙模型的许多问题都还远远没有得到证实。

而更为严重的是，从"证伪主义"的角度来看，宇宙学中的许多论断（其实是假说）从根本上排除了被证伪的一切可能性。

例如，常见的"大爆炸宇宙模型"所建构的宇宙从诞生开始演化的"大事年表"(该书附录C"宇宙年表"就是这种年表),其中开头几项,经常以"宇宙的最初三分钟"之类的名称,在一些科普著作中被津津乐道。但是只要对照波普尔的"证伪"学说,想一想"宇宙的最初三分钟"能被证伪吗?我们能回到最初三分钟的宇宙中去吗?即使有了幻想中的时间机器,让我们"穿越"到最初三分钟的宇宙中去,也只能是自寻死路——在那样高能量高密度的环境中不可能有任何生物生存。

又如,即使"三大验证"本身是观测事实,对这些事实的解释也存在着许多问题,比如3K微波背景辐射,在"大爆炸宇宙模型"中被认为是大爆炸所留下的痕迹,但是既然我们不可能回到最初三分钟的宇宙中去,这一点又如何被证伪或证实呢?

类似的例子还可以举出更多。

所以我们必须注意到:宇宙学为我们描绘的宇宙图景,是一种即使在现有科学的最大展望中仍然永远无法验证的图景。

但是,我仍然同意这样的说法:宇宙学是一门科学。

(原载《书城》2022年第4期)